BUZZ

© 2018 Buzz Editora

Publisher ANDERSON CAVALCANTE
Editora SIMONE PAULINO
Projeto gráfico ESTÚDIO GRIFO
Assistente de design LAIS IKOMA, NATHALIA NAVARRO
Revisão LUISA TIEPPO

Dados Internacionais de Catalogação na Publicação (CIP)
de acordo com o ISBD

Rodrigo, Thiago
Ame todos os dias / Thiago Rodrigo
São Paulo: Buzz Editora, 2018.
128 pp.

ISBN 978-85-93156-74-8

1. Autoajuda 2. Amor I. Título

159.947 CDD-158.1

Elaborado por Vagner Rodolfo da Silva CRB-8/9410

Índices para catálogo sistemático:
1. Autoajuda 158.1
2. Autoajuda 159.947

Todos os direitos reservados à:
Buzz Editora Ltda.
Av. Paulista, 726 – mezanino
cep: 01310-100 São Paulo, SP

[55 11] 4171 2317
[55 11] 4171 2318
contato@buzzeditora.com.br
www.buzzeditora.com.br

AME TODOS OS DIAS

THIAGO RODRIGO

Amem. Amém.

Aos que acham difícil amar.

Ninguém é alguém sem um outro alguém. Quando algo dá errado, mesmo que todos tenham falhado, costumo dizer "errei". Quando algo dá certo, mesmo que eu o tenha feito sozinho, ainda digo "acertamos". É que quando acerto sozinho, só acerto porque aprendi com outro. E foram muitos outros que me ajudaram a construir o pensamento que chega em livro à sua mão. Entre esses outros, meu agradecimento especial à Igreja Ame, que me pastoreia; à Simone, a comparsa; ao meu pai, que não precisou dos livros; à minha mãe, a única fã; ao Gui, pelo gênio técnico; ao Zé, que você vai saber quem é; a Ele, de quem eu nunca tive medo.

PREFÁCIO	12
AME	16
FELICIDADE	22
GRATIDÃO	34
MATURIDADE	44
PERDÃO	56
DESACELERE	66
CORAGEM	78
COOPERAÇÃO	86
AMIGOS	94
FAÇA O BEM	106
HOJE	116
POSFÁCIO	124

PREFÁCIO

A profundidade de *Ame todos os dias* não pode ser descrita. Mais do que um livro, esta chamada leva à mais poderosa das filosofias. Foi do Nazareno, chamado Filho de Deus, que brotou o ideal de que os seres humanos fossem criaturas que vivessem a amar sem interrupções. A doce e imensurável pregação do Galileu foi traduzida em *Ame todos os dias* e tornou-se verdade ao autor, Thiago Rodrigo, e à comunidade que pastoreia em Joinville, igreja de nome sugestivo: Ame.

Engraçado mesmo é que um livro com vários capítulos de base prática como "gratidão", "cooperação" e "felicidade" não tenha um capítulo chamado "amor". A poesia está escondida no detalhe e para compreender a essência deste chamado ao amor diário é necessário fazer uma leitura leve, de quem não espera receber um caminho desenhado. Em *Ame todos os dias* o amor não está definido, pois se estivesse já não seria amor. O amor está apresentado como ideal e ao mesmo tempo como prática. É necessário entender que ele está longe de ser alcançado, e paradoxalmente do nosso lado, pronto para ser colocado em exercício.

Durante a leitura você será doce e duramente confrontado com a realidade de que somos muito incompetentes. Esperamos pela transformação do mundo e da sociedade, e quando notamos, não fazemos o que está à mão para esperar pelo que nem está ao alcance dela. *Ame todos os dias* nos convida a mudar o mundo dizendo "muito obrigado", aproveitando uma tarde de sol, acreditando no potencial de uma criança e sorrindo ao rapaz pobre da rua. O convite não é à política nem à religião. O convite é à mais incrível das missões: amar. A chamada não é ao conhecimento nem à sabedoria. A chamada é à mais bela das necessidades: amar. A envolvente obra de Thiago Rodrigo nos leva a acreditar que o fim das guerras começa ao observar uma borboleta que bate as asas linda e suavemente. A paz está logo ali, no jardim com flores que crescem.

A obra que você está prestes a ler é de um texto absolutamente mais leve do que você imagina, e sem dúvida de uma reflexão mais doce do que aquelas que a literatura tem proposto. *Ame todos os dias* é um manual que não precisa de técnicas, é uma receita que não se baseou em fórmulas, e é um conselheiro que não usou de autoajuda. A construção de Thiago Rodrigo propõe persistência em vez de tentativas e instiga à motivação diária em vez de ânimos comprados. É um convite verdadeiro a todos aqueles cansados de discursos de amor na verdade vazios de sentido. Mergulhar na intensidade deste livro é aceitar um pouco do desafio de amar – todos os dias.

GUILHERME KUHNEN

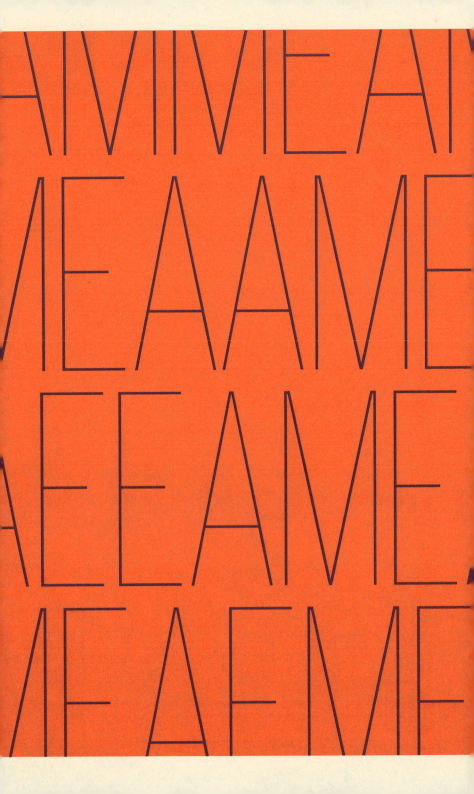

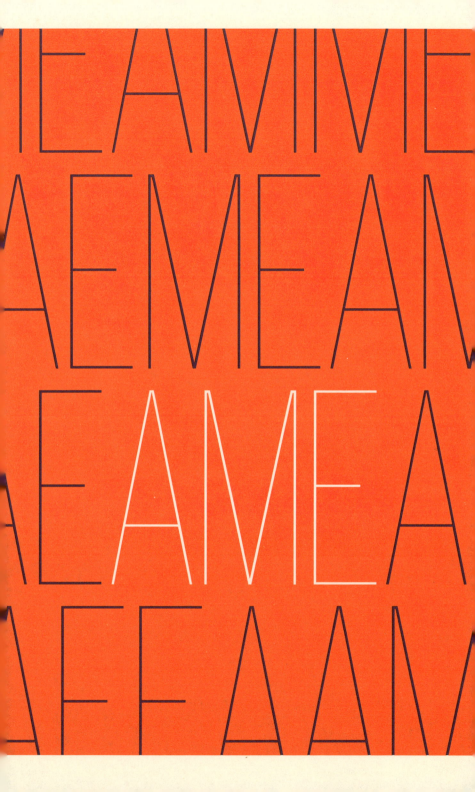

O mundo tem jeito?

Alguns diziam que a educação seria a solução. Nunca tivemos tanta informação e os problemas só aumentam. Outros dizem que nós precisamos mesmo é de boa política. Mas vemos impérios ruírem e honestos se corromperem.

Já alguns dizem que precisamos é do regime militar. Que é só na base da tortura! Que é só na base da mordaça. Mas nunca vimos tanta força mal-empregada.

Tem gente que diz que o país precisa se converter, que só a religião pode resolver. Mas é em nome de fé que devotos se amarram a bombas e explodem pessoas. E perceba: nenhum outro motivo leva alguém a fazer isso. Só a fé. Só a religião.

Mas eu? Eu encontrei um caminho mais excelente.

Eu li um livro antigo e entendi que mesmo que eu tenha toda a instrução e todo o conhecimento, se eu não tiver amor, eu nada serei. Ainda que eu represente a muitos e tenha poder sobre absolutamente todos, se eu não tiver amor, serei como barulho sem sentido.

Mesmo que eu seja forte e que a minha palavra esteja acima de tudo, se esta fala for desprovida de amor, ela será como um grito vazio. E ainda que o mundo todo vire crente, se for crente sem amor, não farão... não fazem a menor diferença.

Amar é importar-se. Amar não é coisa que acontece à primeira vista, como já disse o poeta. Amar acontece quando você olha de novo e enxerga o outro. Disseram os grandes que amar é esvaziar-se para que o outro seja preenchido. Amar é não existir para que o outro exista. Amar é servir. Amar é entregar e mais do que isso, é entregar-se. Amar é estar disposto a morrer pra que outros possam viver.

O amor pisou nesta terra e disse que ficaria por aqui a quem quisesse ele por perto. O amor amou até o fim, e no fim garantiu que estaria conosco todos os dias. O amor deu a vida por seus amigos, e até por seus inimigos, porque o amor provou que se tem algo melhor do que ganhar vida, é dar vida.

William Shakespeare disse que o amor não se vê com os olhos mas se sente com o coração. Não adianta falar que ama. Chegou a hora de mostrar que ama. Por isso vá pra casa, pro trabalho, pra escola, pra igreja. E... ame... todos os dias.

E depois de tantas madrugadas escrevendo, editando, lendo e gravando para a série de vídeos "Ame todos os dias", em meu canal no YouTube, posso dizer que tudo foi, é e continua sendo por amor. Agora, que a série chega em livro às suas mãos, você pode juntar todos esses fragmentos, garimpar tudo na sua peneira pessoal e ficar só com o que preferir ou que achar necessário, desde que não seja só mais um saber na sua vida, mas sim um realizar diário. Selecione tudo que for indispensável na construção do seu próprio caminho. Este é um convite à vida prática.

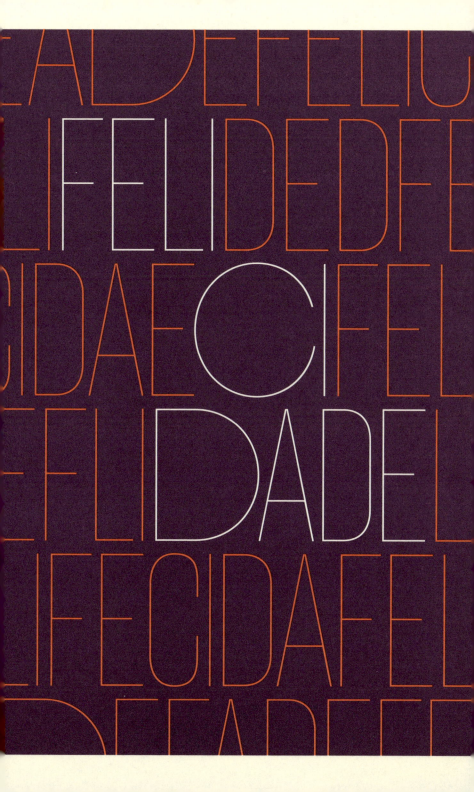

REFRESCA
O TEU CORAÇÃO.
SOFRE, SOFRE
DEPRESSA, QUE É
PARA AS ALEGRIAS
NOVAS PODEREM VIR.

RIOBALDO,
como diria o Rubem

Rubem Alves conta de um homem que foi consultar um psiquiatra e disse: "Doutor, sinto-me solitário, desanimado e miserável. O senhor poderia me ajudar?" O psiquiatra prontamente sugeriu que ele fosse a um circo, que estava ali por perto. Disse ao homem: "Olha, lá tem um palhaço muito engraçado, que faz rir a pessoa mais desesperada e triste do mundo." O paciente, desolado, retrucou: "Doutor, eu sou esse palhaço."

"O que eu posso fazer para ser feliz? Onde posso encontrar a felicidade?" Essa dúvida impera no coração e na mente de muita gente. O "segredo da felicidade" é uma preocupação cada vez mais importante na era moderna. A busca por felicidade se tornou uma epidemia mundial. Um filósofo disse: "O mundo inteiro está em uma busca louca por felicidade". Uma pesquisa feita em aproximadamente 48 países concluiu que as pessoas de todos os cantos do mundo consideram a felicidade mais importante do que ter um objetivo na vida, do que ser rico ou do que ir para o céu. "Felicidade" é a palavra da vez.

A filosofia diz que a busca pela felicidade é uma das poucas coisas na vida que tem um fim em si mesmo, porque ninguém quer ser feliz para alguma outra coisa – ser feliz é o objetivo máximo de todas as coisas. Gente casa e deixa de estar casada para ser feliz; em busca de felicidade as pessoas compram um carro, e trocam o carro. As pessoas fazem qualquer coisa para alcançar felicidade. Porque ninguém quer ser feliz para outra coisa: todo mundo quer ser feliz... para ser feliz.

No entanto, ocorrem dois equívocos acerca da felicidade. O primeiro está em acreditarmos que a felicidade é algo que se pode adquirir. As revistas de famosos, a publicidade – das propagandas de margarina às de bancos – todas dizem que seremos mais felizes quando tivermos aquilo que nos oferecem. Nos mostram pessoas, à mesa, consumindo o que estão tentando nos vender, e essas pessoas estão sempre "sendo felizes". Oscar Wilde disse que no mundo "só há duas tragédias – uma é não conseguir o que se quer, outra é conseguir". Isso é percebido logo após adquirir um carro novo, por exemplo, pois a alegria da compra não dura mais do que poucos meses. Mal estamos com o carro novo e essa alegria já é substituída pelo desejo de outro melhor. O pastor Ed René Kivitz explica, então, que "felicidade não é um lugar aonde se chega, mas um jeito como se vai". Felicidade não é coisa. Felicidade não é ganho. Felicidade não é lucro. Ter as coisas não nos faz felizes.

O segundo equívoco sobre felicidade está em considerarmos que ela deve ser algo permanente. Concordo com Guimarães Rosa quando diz que "felicidade mesmo, ser feliz como estado permanente, não existe. Acontece em raros momentos de distração". Mário Sergio Cortella define felicidade como "uma vibração intensa, onde você sente a vida te levar ao máximo, mas ela não é um estado contínuo – são instantes". No desejo de sentir a vida vibrar sempre estamos confundindo felicidade com euforia. E para tentar ter felicidade sempre estamos recorrendo às drogas, aos fármacos, à bebida e a qualquer outra coisa que possa nos anestesiar da realidade, ajudando-nos a fugir dos desprazeres. Na verdade, a felicidade não está no dia do casamento. Na festa existe euforia. Felicidade se constrói depois, numa vida a dois, tristeza após tristeza, dificuldade após dificuldade. Porque uma vida feliz não é uma vida livre de tristeza. O estar feliz não é para sempre. Não é todo dia, e nem poderia ser – se fosse, ficaríamos acomodados. Até porque a insatisfação é a mãe do progresso. Existe uma fórmula antiga na filosofia para definir felicidade:

Felicidade é igual a realidade menos expectativa.

Acredito que para ser feliz é necessário que aprenda-mos a viver um dia de cada vez. É impossível encontrar uma definição completa e definitiva de felicidade. Mas quem é feliz não precisa de muitas definições.

*

Eu preciso falar do Zé pra você. Conheço um vendedor de cocada muito pobre, o José, que mora em uma favela, e com sua bicicleta percorre a cidade sob o sol escaldante, vendendo seus doces. É constrangedor ser abordado pelo Zé. O Zé é feliz. Ele é pobre, é velho, só tem dois dentes na boca, e um dos sorrisos mais apaixonantes que eu já vi na vida. O Zé ensina, te oferecendo cocada, que ser feliz é uma decisão. É uma condição da alma, que independe de fatores externos. O Zé não é rico (ao contrário, é extremamente pobre); ele não é bonito, não é famoso; a um olhar desatento, não tem sucesso. O Zé é alguém que a maioria não atravessaria a rua para cumprimentar, mas é alguém que sobre viver tem muito a ensinar. O Zé descobriu que ter não é ser, e que ser é muito mais do que possuir coisas. Mesmo que não deixe herança, Zé deixará um legado – herança é o que deixo para as pessoas; legado é o que eu deixo nas pessoas. O Zé não tem motivos aparentes para ser feliz, mas como bem poetizou Carlos Drummond de Andrade, "ser feliz sem motivo é a mais autêntica forma de felicidade".

Para Paulo, o apóstolo, a felicidade está diretamente atrelada a contentamento. Contentamento é a capacidade de estar satisfeito. Essa palavra vem do latim *contentus*, que significa conteúdo. Paulo entendeu que toda e qualquer situação na vida nos ensina algo – é possível tirar alguma lição delas. Deve ser por isso que diz: "Sei o que é passar necessidade e sei ter em fartura. Aprendi a tirar uma lição de toda e qualquer situação" (Filipenses 4.12). O contente aproveita a vida agora, livre de expectativas exacerbadas e ansiedades descontroladas.

O Sermão do Monte, mais famosa das falas de Jesus – e um dos mais famosos discursos de todos os tempos –, foi provavelmente proclamado em hebraico, e talvez (bem menos provável) em aramaico. Por isso a primeira versão da Bíblia, em grego, já foi uma tradução. Quando Mateus descreve a fala de Jesus usa a palavra "makarios", que no grego significa "bem-aventurado". A palavra, porém, que Jesus usou foi "ashrei", do hebraico, que vem de "ashur" (pé), e significa "aquele que está caminhando". Desta forma, Jesus descreve o feliz como aquele que está a caminho.

Na declaração de Jesus, no Sermão do Monte, ele também não define o que é felicidade. Ele diz que felicidade é coisa de quem caminha, de quem segue em frente: "Felizes os que se lamentam, porque serão consolados. Felizes os bondosos e modestos, porque o vasto mundo lhes pertence. Felizes os que

A FELICIDADE
NÃO ESTÁ NEM NA
CHEGADA, NEM NA
PARTIDA — ESTÁ
NA TRAVESSIA.

anseiam pela justiça, porque decerto a alcançarão. Felizes os misericordiosos, porque a eles será mostrada misericórdia. Felizes aqueles cujo coração é puro, porque verão Deus. Felizes aqueles que se esforçam pela paz, porque serão chamados filhos de Deus. Felizes os que são perseguidos por cumprirem a vontade de Deus, pois é deles o reino dos céus" (Mateus 5.4-10).

*

O mestre Rubem Alves conta a seguinte estória:

> Um homem caminhava por uma floresta. Anoitecia. Escuro. De repente o rugido de um leão. O homem teve muito medo. Correu. No escuro não viu por onde ia. Caiu num precipício. No terror da queda agarrou-se num galho que se projetava sobre o abismo. E ficou pendurado entre o leão e o vazio. De repente, olhando para a parede do precipício, viu uma plantinha, e nela uma fruta vermelha. Era um morango. Ele estendeu o braço, colheu o morango e o comeu. Estava delicioso...

Felicidade é enxergar os morangos. Felicidade é fruto na beira do abismo. É preciso colhê-lo e degustá-lo agora: amanhã ou ele já caiu, ou você já caiu.

A felicidade é muito mais um jeito de ir, do que um lugar onde se chega. A felicidade não está nem na chegada, nem na partida – está na travessia.

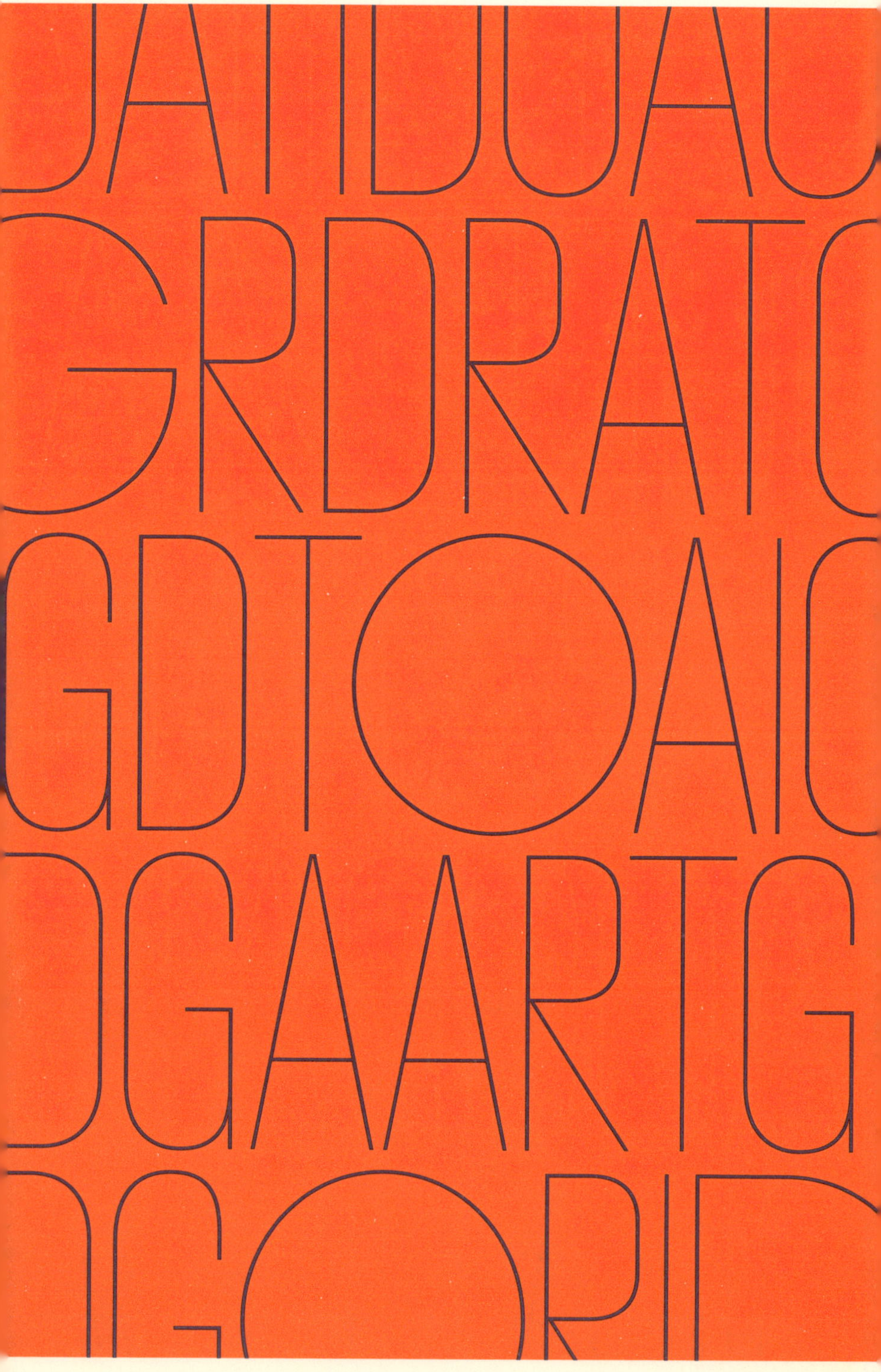

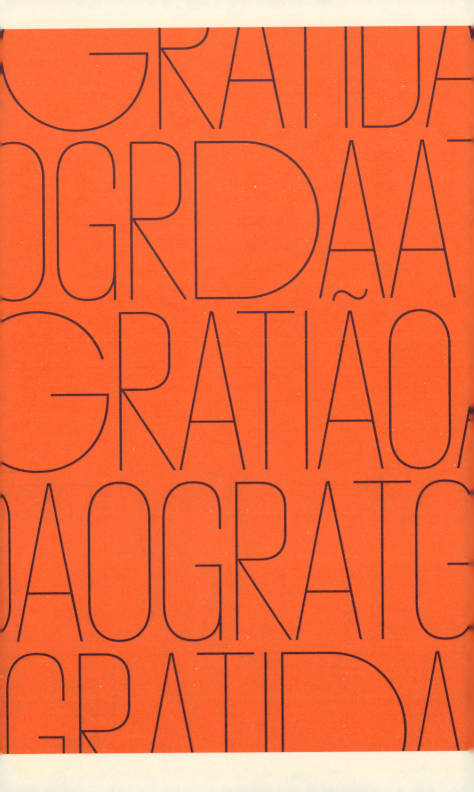

SE VOCÊ NUNCA
ENCONTRA
RAZÕES PARA
AGRADECER,
A FALHA ESTÁ
EM VOCÊ.

SIDARTA GAUTAMA,
o Buda

Bendiga ao Senhor a minha alma! Bendiga ao Senhor todo o meu ser! Bendiga ao Senhor a minha alma!

Não esqueça de nenhuma de suas bênçãos!

SALMOS 103.1-2

O Salmo 103 é, para mim, um dos salmos mais lindos de toda a Bíblia Sagrada. Neste salmo Davi não busca conselho, não busca pastor, nem mesmo procura um mentor – ele mesmo olha para sua própria alma, para sua consciência, e fala com ela. Ele próprio se mentoria. Faz isso porque sabe que "a gratidão tem memória curta", como disse Benjamin Constant. Afinal, a gente lembra logo de pedir ajuda quando precisa – mas, quando consegue, facilmente se esquece de ser grato àquele que nos ajudou. Dicionários traduzem o termo "gratidão" como "reconhecimento" ou "agradecimento" – por alguma ajuda, benefício ou favor recebido. Simples, não? Entretanto, quando chegamos a algum lugar, quando conquistamos alguma coisa, somos levados pelo orgulho – pela sensação de "eu consegui", pela euforia do sucesso que chegou. Entramos num ciclo onde o que importa é deliberadamente somar – multiplicar coisas em vez de sentimentos. Nos esquecemos muito rápido daqueles que contribuíram significativamente para que chegássemos onde chegamos. Esses deveriam ter seus atos escritos em nossos corações, afinal como disse Rubem Alves, "o que está escrito no coração não necessita de agendas" – porque a gente não se esquece. Enquanto isso, ao passo em que apenas preparei um café, Adélia Prado diz que "o que a memória amou fica eterno".

Ser grato é ter um sentimento de reconhecimento, uma emoção por saber que uma pessoa fez uma boa ação. A gratidão é auxílio, é uma decisão em favor de outra pessoa. Gratidão é uma espécie de dívida – é sentir-se no dever de ajudar de algum jeito aqueles que nos ajudaram a ser quem a gente é. Acredito que todo ser humano precisa dar valor a pessoas – por isso valorize principalmente aqueles que te enxergaram quando ninguém te via.

Na fé cristã uma das características mais importantes é a gratidão a Deus. Vários versículos da Bíblia falam sobre a importância de ser grato a Deus por tudo aquilo que Ele tem feito pelos Seus filhos. Por esse motivo, a gratidão a Deus (e consequentemente a outras pessoas, como a mesma fé cristã indica) deve ser uma das qualidades da pessoa que se relaciona com Deus.

*

Ser grato não quer dizer que você deva se contentar somente com o que já tem, que não deva e não tenha direito a mais e melhores coisas – pelo contrário, acredito que é ter consciência do que se merece, pois se soubermos reconhecer e dar o devido valor às pessoas e às coisas, tanto mais saberemos o mérito em recebê--las e em conquistá-las.

Agradeçamos pelo ar que respiramos por nós mesmos, pelos inúmeros movimentos que nosso corpo é capaz de fazer, por todos os sentidos e sentimentos bons; agradeçamos até pelos desafios e batalhas que travamos arduamente neste campo, afinal estimulam a necessidade de continuarmos, de não nos acomodarmos, de não nos acovardarmos, de termos atitude e sabedoria, como bem disse o apóstolo Paulo.

Gratidão é, no simples, coisa de gente nobre. Gratidão é aquilo que define quem chega e quem não chega lá. Gratidão é daquelas virtudes que demonstram como é relevante a vida daquele que é grato. Em seu evangelho Lucas conta a história de dez leprosos que são curados após um encontro com Jesus. Livres da lepra, são devolvidos à vida. Restituídos à sociedade, já vivendo de novo, se esquecem muito rapidamente de quem lhes devolveu esta vida. Nenhum deles volta para agradecer. Um, porém, lembrando-se do bem que recebeu, voltou. Voltou simplesmente para dizer "obrigado". Os outros nove talvez até sentiam-se gratos pelo que Jesus fez, mas não praticaram a gratidão. O curado que voltou não queria mais nada. Só voltou para agradecer. Gratidão é voltar. Quanta gente espera teu retorno e você nunca volta? Quantas vezes você tem deixado de praticar a gratidão? Lembre-se que, como disse Gustave Flaubert, "aos incapazes da gratidão nunca faltam pretextos".

Jesus curou dez leprosos. Só um voltou e agradeceu. Já diz a sabedoria popular que uma mãe cria dez filhos e dez filhos não cuidam de uma mãe. Gratidão é ser o leproso que volta e agradece. Gratidão é ser o filho já criado e educado. Já emancipado. E que volta. E que cuida. Me lembro de uma história atribuída a William Candido:

Ouvi de um homem que atrás do balcão olhava a rua de forma distraída. Uma menina aproximou-se da loja e amassou o nariz contra o vidro da vitrine. Os olhos da cor do céu brilhavam quando viu um determinado objeto. Entrou na loja e pediu para ver o colar de turquesa azul.

– É para minha irmã. Pode fazer um embrulho bonito? – pediu ela.

O dono da loja olhou desconfiado para a menina e perguntou-lhe:

– Quanto de dinheiro você tem?

Sem hesitar, ela tirou do bolso da saia um lenço todo amarrotado e foi desfazendo os nós. Colocou-o sobre o balcão e, feliz, perguntou:

– Isso dá?

Eram apenas algumas moedas que ela exibia orgulhosa.

– Sabe, quero dar este presente à minha irmã mais velha. Desde que a nossa mãe morreu ela cuida de nós e não tem tempo para ela. É o aniversário dela e tenho certeza que ficará feliz com o colar que é da cor dos seus olhos.

O homem foi para o interior da loja, colocou o colar num estojo, embrulhou com um vistoso papel vermelho e fez um laço pomposo com uma fita verde.

– Está pronto. Pega – disse à menina. – Leva com cuidado – reforçou.

Ela saiu feliz, saltitando rua abaixo. Ainda não acabara o dia quando uma linda jovem de cabelos loiros e maravilhosos olhos azuis entrou na loja. Colocou sobre o balcão o já conhecido embrulho desfeito e indagou:

– Este colar foi comprado aqui?

– Sim, senhora – respondeu o homem.

– E quanto custou?

– Ah! – disse o dono da loja. – O preço de qualquer produto da minha loja é sempre um assunto confidencial entre o vendedor e o cliente.

A moça continuou, tentando devolver o presente:

– Mas minha irmã tinha somente algumas moedas! O colar é verdadeiro, não é? Ela não teria dinheiro para pagá-lo!

O homem pegou o colar, refez o embrulho com extremo carinho, colocou a fita, o devolveu à jovem e disse:

– Ela pagou o preço mais alto que qualquer pessoa pode pagar. Ela deu tudo o que tinha.

O silêncio encheu a pequena loja e duas lágrimas rolaram pela face emocionada da jovem, enquanto suas mãos reaviam o pequeno embrulho.

Eu acredito, por fim, que gratidão é dar o melhor. Quem sabe o seu melhor não seja um presente caro, porque quem ama você – quem te ajudou – o fez porque te ama. Não fez pelo que você tem, mas pelo que você é. Se é verdade que "nunca deu quem deu do seu sem dar de si" (Kivitz), está na hora de começar, como profetizou William Shakespeare, a exercer a mais nobre e humilde das atitudes: gratidão.

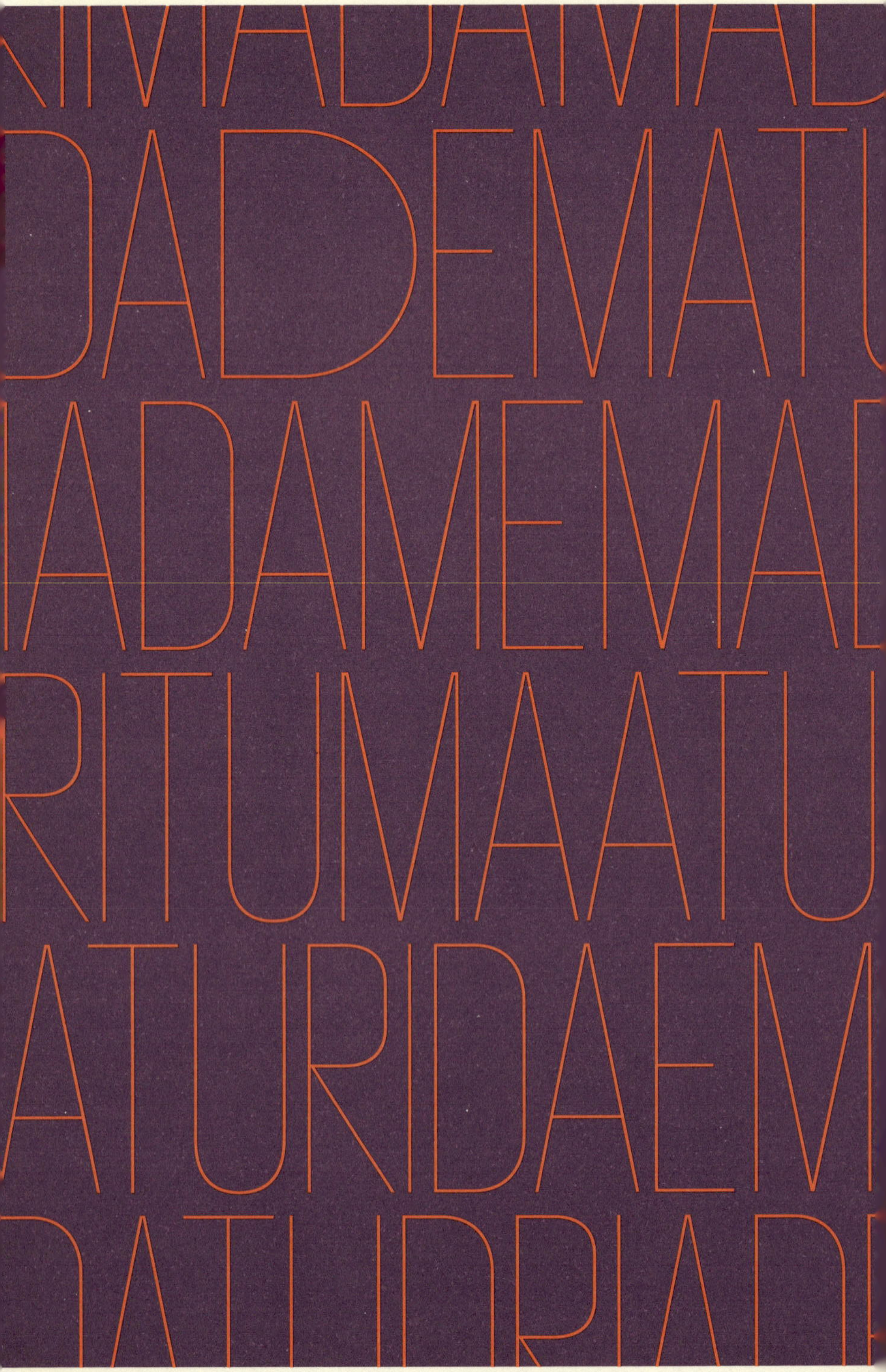

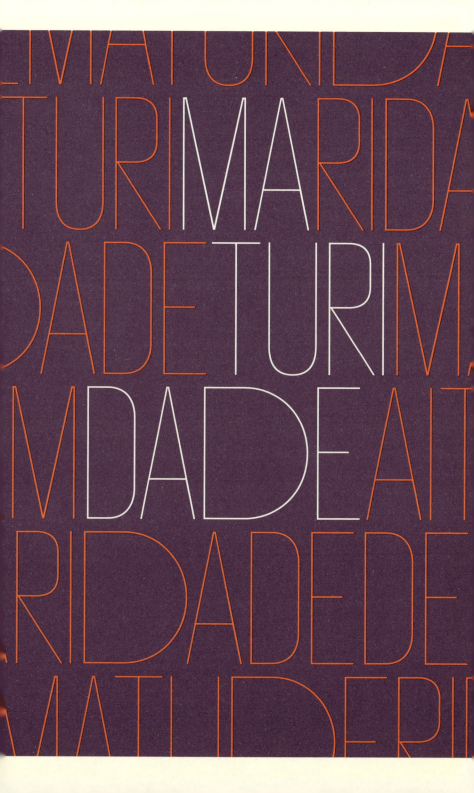

SEMPRE VEJO ANUNCIADOS CURSOS DE ORATÓRIA. NUNCA VI ANUNCIADO CURSO DE ESCUTATÓRIA. TODO MUNDO QUER APRENDER A FALAR. NINGUÉM QUER APRENDER A OUVIR.

RUBEM ALVES

Normalmente, a maturidade é associada à idade e aos anos de experiência de vida cronológica. No entanto, quando se trata de maturidade emocional, a idade pode ter pouco a ver com isso. Muitas vezes a maturidade emocional chega antes da maturidade física. Com relação à maturidade existem homens de 18 e meninos de 40. Existem jovens emocionalmente resolvidos e maduros. E há adultos com comportamentos irresponsáveis, intolerantes, instáveis, e com uma dificuldade muito grande em perceber e entender o outro.

Ser racional demais a ponto de se tornar completamente inflexível e desprovido de sentimentos e emoções é uma demonstração de imaturidade. Ninguém precisa ser oito ou oitenta, porque entre oito e oito existem mais de setenta outras possibilidades. Também é imaturo quem é emocional ao ponto de ser desprovido da capacidade de refletir e ponderar sobre as coisas. A imaturidade significa uma pessoa ainda por fazer, incompleta, que não está bem terminada. A criança só pensa em si: "Eu quero isso, eu quero aquilo e eu quero agora". Mas conforme ela vai sendo educada vai percebendo que o mundo não gira em torno dela; a criança vai notando que precisa aprender a esperar a mãe terminar de jantar antes de fazer o que ela está precisando. Então, a inteligência emocional é aprendida com o passar do tempo.

A quem é imaturo é necessário amadurecer. E amadurecer é ter amor próprio, é aceitar com mais leveza o que a vida nos apresenta, e seguir adiante. Amadurecer significa encarar a realidade, como ela é muitas vezes bem mais dolorosa do que gostaríamos que fosse. A maturidade emocional não surge do nada; exige trabalho, esforço, boa vontade e o desejo de olhar para dentro e se conhecer melhor, com a cabeça e o coração em perfeita sintonia.

As dificuldades colaboram para o amadurecimento. Há dois séculos Charles Colton disse que "a adversidade é um trampolim para a maturidade". A mesma coisa já havia explicado o apóstolo Paulo: "Não só isso, mas também nos gloriamos nas tribulações, porque sabemos que a tribulação produz perseverança; a perseverança, um caráter aprovado" (Romanos 5.3-4). Afinal, ninguém sabe que é bom nadador até estar na água; ninguém sabe que aguenta correr cinco quilômetros antes de dar o primeiro pique.

Com Mário Sergio Cortella aprendemos que não são os erros que nos ensinam, mas a correção; pois, se aprendêssemos ao errar, a forma mais eficiente de ensino seria incentivar que errássemos mais. Crescemos com a experiência obtida dos erros que cometemos e, principalmente, da correção de todos eles. Ao analisar e corrigir nossas falhas nos tornamos mais maduros e ficamos com a experiência que adquirimos.

*

Maturidade é estar na posse de si para depois se dispor ao outro, segundo o padre Fábio de Melo. Sócrates recomenda: "Conhece-te a ti mesmo". É preciso interiorizar-se, conhecer-se, analisar-se, perceber-se, para poder viver sadiamente.

*

CARACTERÍSTICAS DA PESSOA MADURA:

1) A pessoa madura é conhecedora de suas limitações e capacidades; ela sabe onde e em quê está habilitada a transitar; ela tem noção do que sabe e reconhece o que não sabe. O dito popular já diz que o maior sábio é aquele que, não sabendo, não tenta parecer que sabe. Talvez por isso que Sócrates tenha bradado o que chegou a nós como o célebre "só sei que nada sei" que, milênios depois, inspirou a declaração profunda e sábia do filósofo e historiador Will Durant. De forma humilde Durant constatou sua (nossa) pequenez ao expor: "Sessenta anos atrás, eu sabia tudo. Hoje sei

CRESCEMOS COM
A EXPERIÊNCIA
OBTIDA DOS ERROS
QUE COMETEMOS
E, PRINCIPALMENTE,
DA CORREÇÃO
DE TODOS ELES.

que nada sei. A educação é a descoberta progressiva da nossa ignorância". A pessoa madura, então, sabe bem que não sabe de tudo, e sabe até onde pode ir.

2) A pessoa madura sabe dizer não. Para você dizer não para alguma coisa, você precisa ter dito sim para alguma coisa antes. Você precisa identificar o que é e o que não é o seu papel. Já pensou se você dissesse sim para tudo aquilo que te oferecem? Se eu digo sim para minha esposa, eu já devo estar pronto para dizer não para qualquer outra mulher. Se eu digo "sim, vou economizar dinheiro", eu já posso dizer não para o vendedor, para a liquidação, para a promoção, para o limite do meu cartão. Tem gente se afundando em dívida porque não consegue dizer não para sua vontade de comprar. Tem muita gente que não sabe dizer não para sua vontade de ajudar, e não entende que nem sempre é correto fazer tudo que pode – na verdade é necessário fazer tudo o que deve.

3) A pessoa madura sabe selecionar com quem ela anda. Eu já perdi muito tempo da minha vida – muito tempo mesmo! – com gente que não me agregava em nada. Já troquei muito tempo com minha esposa e família por causa de muita gente que nunca mais nem cruzará meu caminho. As pessoas com quem eu ando vão estar no meu aniversário de 80 anos? Antes disso: será que eu quero que elas estejam? É necessário selecionar com

quem eu ando – e selecionar pessoas é diferente de fazer acepção delas. O mandamento que Jesus de Nazaré deixou é este: amem as pessoas como eu amei vocês (João 15.12). Então vale lembrar que devemos amar a todos, mas não caminhar com todos. Assim o maduro ama as pessoas sem escolher amar a uns sim e a outros não; e caminha com quem gosta, com quem ele escolhe para estar perto: com uns quer andar e a outros diz não.

4) O maduro sabe falar, e sabe não falar. Tem gente que confunde sinceridade com falta de educação, e em sua "sinceridade" mostra-se imaturo e desrespeitoso. O maduro não precisa falar todas as verdades na cara das pessoas. Do alto de sua filosofia, Platão explicou de forma simples: "O sábio fala porque tem algo a dizer; o tolo, porque tem que dizer alguma coisa". Tem gente que perde pessoas porque fala tudo que pensa – já outros, perdem pessoas porque nunca falam o que pensam ao alvo de seus amores. A pessoa que alcançou maturidade encontra equilíbrio para falar e para calar. E é preciso ter cuidado: geralmente quando algo nos incomoda, imediatamente a gente fala; mas quando algo nos encanta, frequentemente a gente cala.

5) A pessoa madura sabe resolver conflitos. O maduro não fica "bicudo", não foge de resolução, não perde a cabeça na hora de conversar. Aprende a dialogar e aprende a ser pacificador. Uma das mentes mais bri-

lhantes de todos os tempos, a de Albert Einstein, formulou que "a paz é a única forma de nos sentirmos realmente humanos". Gandhi, por sua vez, deu continuidade à pregação de Jesus ao dizer que "olho por olho, e o mundo acabará cego"; Mandela, em seu tempo, cravou ao confessar: "Sonho com o dia em que todos levantar-se-ão e compreenderão que foram feitos para viverem como irmãos". O maduro é, então, aquele que entende que para sermos humanos completos precisamos de paz, e paz se conquista resolvendo conflitos; o maduro é aquele que entende que a "justiça" pode ser relativa e que matar não traz vida; assim torna-se agente de paz em vez de agente de guerra. A pessoa madura é aquela que entende que o mundo é como uma grande casa e que todos que nela vivem deveriam viver como se fossem irmãos.

6) A pessoa madura sabe tolerar a imaturidade dos outros. O maduro não perde a cabeça, em vez disso entende que pessoas são falhas, erram, e que se agiram em desacordo da forma como deviam é porque são imaturas. O maduro não dá pedradas, em vez disso, entende e mentoria. Uma narrativa da história africana conta de um povo que ao ter algum dos seus encontrado cometendo um erro, em vez de castigá-lo, colocava a pessoa no centro de uma roda durante dois dias e todos os habitantes da tribo diziam o quanto ele era importante. Quando terminava o período de dois

dias, as pessoas diziam para aquele que tinha falhado com elas algo que se pronuncia como "*sawabona*", que significa "eu respeito você, valorizo você e te admiro". A pessoa que tinha feito algo de errado respondia: "*shikoba*", que quer dizer "então eu sou bom e existo para você". É necessário ter muita maturidade para tratar desta forma alguém que comete erros, alguém que age com imaturidade.

A pessoa madura não erra no óbvio.
Sabe esperar. Não é inflexível,
não é influenciável.
O maduro sabe ouvir.

A exemplo de Jesus, que todos nós tenhamos consciência, de que uma vida bem vivida é uma vida que vive o céu na terra. É uma vida misericordiosa com quem ainda não é maduro. É uma vida carregada de paz, paz que é primeiro interior, e depois uma paz que se expande para além de si, e toca as pessoas que estão à sua volta.

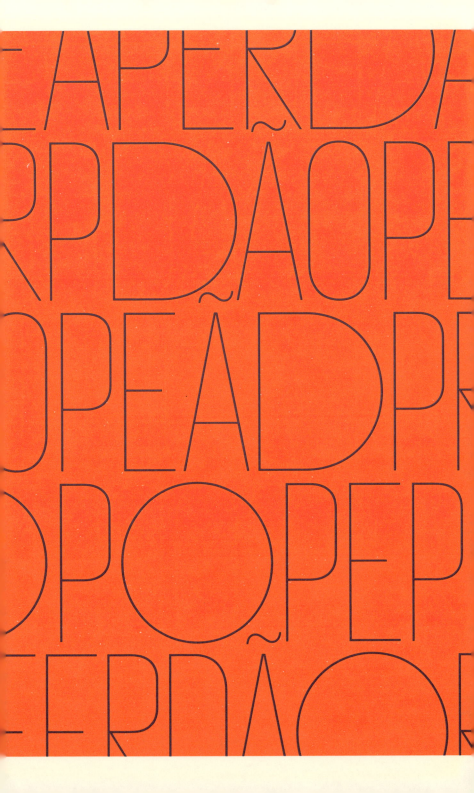

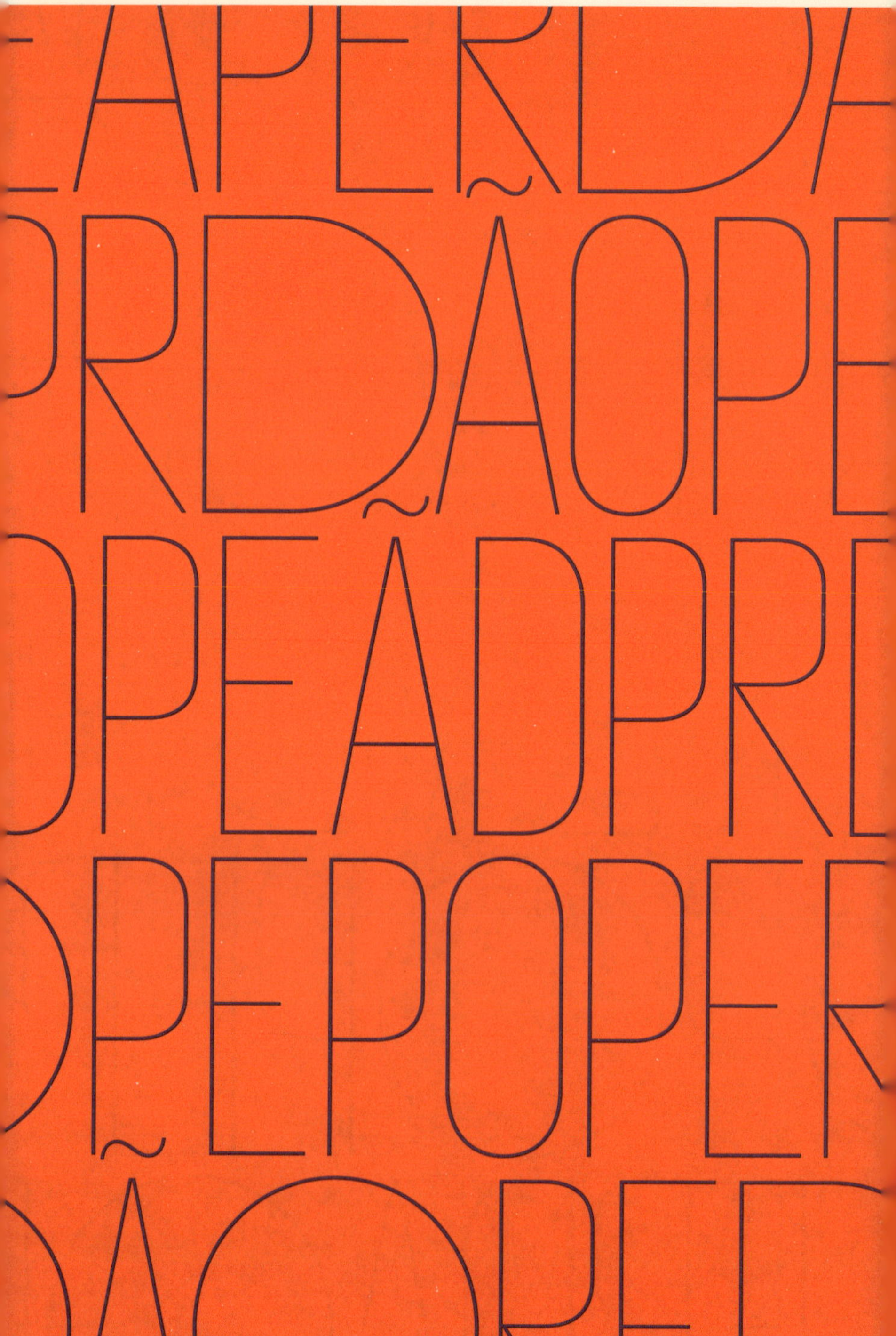

NÃO DEIXE DE PERDOAR OS SEUS INIMIGOS – NADA OS ABORRECE TANTO.

OSCAR WILDE

Nelson Mandela foi o grande libertador da África do Sul, que sofria o regime *apartheid*, regime este que declaradamente segregava pessoas pela cor da pele. Mandela passou 27 anos numa prisão. Destes, 18 anos numa solitária de um metro e sessenta de altura (sendo que ele era um homem de um e noventa). Mandela só saía da cela para duas finalidades: ser interrogado e castigado. Os seus carrascos o tratavam como um animal. Em 1994 se tornou o primeiro presidente negro da África do Sul eleito democraticamente. Conta-se inclusive que quando estava em seu jantar de posse da Presidência convidou para sentarem-se à sua direita e à sua esquerda os seus carcereiros, durante a solenidade. Quando perguntaram por qual motivo ele havia escolhido aqueles homens para se sentarem ao seu lado, Mandela respondeu: "Porque eu quis que eles me vissem como um ser humano". Me responda, você vê fraqueza ou vê força? Na atitude de Mandela vê a postura de um saco de pancadas ou vê a postura de um grande ser humano?

Uma das grandes mentiras que nos contaram é que "depois de me vingar aí então eu vou ficar feliz". A vingança é uma grande ilusão. Como disse Santo Agostinho: "Não sacia a fome quem lambe pão pintado". Por mais que a pintura pareça real, a pintura de um pão jamais será capaz de saciar a fome. Dar o troco não resolve nada. Nunca resolveu. Você realmente terá desejo de vingança, pois nós temos memória. Mas não é uma coisa que você deve alimentar ou nutrir, pois é um sentimento altamente autodestrutivo. Mandela escolheu perdoar: seu exemplo mudou a história do país e seu perdão entrou para a história de todos os homens.

*

Todo ser humano considera o perdão um ideal belíssimo até ter algo a perdoar. Se você tem algo ou alguém a perdoar, nesse momento, a simples lembrança pode causar mal-estar. E você pode dizer que este assunto te dá nojo.

É mais fácil falar de perdão do que perdoar. E você poderia me perguntar: "Se você fosse judeu, perdoaria os nazistas? Se tivesse um filho assassinado por um vizinho, perdoaria?" Eu me pergunto isso sempre que eu falo de perdão. Eu não sei ao certo o que eu faria.

O perdão é uma das atitudes mais lindas e maduras que alguém pode ter, mas também uma das mais difíceis. Não adianta querer perdoar um assassinato, ou os nazistas, se não perdoamos nem nosso irmão, nosso vizinho, nosso amigo, nosso cônjuge por falhas muito menores – não perdoamos falhas de pessoas próximas a nós, falhas estas que são muitas vezes menores do que as nossas próprias falhas com os outros. Segundo os sábios, não há melhor forma de viver do que a forma de vida que não carrega mágoas, rancores e ódios. Não perdoar é como tomar um copo de veneno e esperar que o outro morra.

É importante saber que vão errar com você. Aceite isso de uma vez por todas! Todos erram. As pessoas erram. O ser humano é falho. E não se esqueça: quem mais tem capacidade de amar, mais tem capacidade de ferir. Kivitz poetiza ao explicar que a "mão que afaga é aquela da qual ninguém se protege, e quando agride, fere profundamente". E é verdade que as famílias são os lugares dos maiores amores e dos maiores ódios. As pessoas próximas a você vão errar – se não sempre, vez ou outra. Eu não posso e não devo esperar que as pessoas sejam perfeitas. Exigir que ninguém erre comigo é uma utopia – um tipo de vida que não pode e não vai ser vivida.

Tenha consciência também de que você jamais deixará de errar, afinal "pessoas não são máquinas. Emoções e sentimentos não são números, e relacionamentos não são engrenagens" (Kivitz). Tudo o que diz respeito ao ser humano está falando de um ser que erra.

Aos que resolveram jamais perdoar, eu digo: vocês viverão dias muito infelizes sobre esta terra. Serão cheios de ódio e rancor, se tornarão amargos, e de tão amargos se tornarão insuportáveis.

Há os que estabelecem limites para a generosidade: foi o caso do apóstolo Pedro. Pedro um dia chega pra Jesus e diz: "Quantas vezes, Senhor? Quantas vezes eu devo perdoar o meu irmão?" E sugere: "Até sete?" (Mateus 18.21). Certamente Pedro estava querendo impressionar Jesus com sua grandiosa oferta de perdão, mas Jesus responde que não até sete, mas até setenta vezes sete (Mateus 18.22), todos os dias, o que dá a ideia, para aquele contexto, de um número infinito de vezes.

Existem esses que vivem dizendo quantas vezes já perdoaram. Bem no meio dos evangelhos, de forma por que não dizer espantosa, nós encontramos as palavras de Jesus: "Perdoa as nossas dívidas assim como nós perdoamos aos nossos devedores" (Mateus 6.12). Não é preciso ser nenhum gênio para perceber que não há outra maneira de um ser humano obter o perdão de Deus se não pelo perdão àqueles que o ofenderam. Se não perdoarmos, não seremos perdoados.

Chegou a hora de encararmos a vida de forma mais amorosa. Vivemos dias difíceis demais para aceitarmos ser movidos por ódio, rancor e raiva. Procure quem ofendeu você. Procure quem você ofendeu. Agora, procure para abraçar. Não pense em resolver as diferenças, pense em reconciliar-se com quem você quebrou um relacionamento. Não sente para ver quem tinha razão, isso acaba por muitas vezes piorando ainda mais as coisas. Aliás, Deus nos livre de ter razão sempre! É insuportável caminhar com quem sempre tem razão. Como disse Ed René, acordos nem sempre acabam em abraços, mas abraços abrem espaço para acordos. Foi isso que Mandela fez. Foi isso que Jesus fez na cruz pedindo "Pai, perdoa-lhes" (Lucas 23.34). Se Jesus conseguiu, se Mandela conseguiu, se outros tantos conseguiram... a gente também consegue.

Perdoar é deixar no passado aquilo que
nos prendia.
Perdoar é realmente um ato de amor, mas não
apenas amor ao outro, também amor a si próprio.
Quem não perdoa destrói a si próprio.
Perdoar é lembrar-se e não sentir mais dor.
Perdoar é transcender o desejo mesquinho
de vingança.
Perdoar é um elevar-se à categoria mais nobre
dos humanos.
Perdoar é amadurecer emocionalmente e aprender
que somos falíveis e imperfeitos.
Perdoar é oferecer ao outro a chance do recomeço.
Perdoar é não usar mais o passado para
estabelecer o presente,
nem para comprometer o futuro.

Perdoar é dar uma nova chance – é se dar novas chances. Perdoar é dizer: "Eu prefiro sofrer o dano, porque você não tem como pagar o que me fez, então eu sofro o dano, mas não perco você".

Se você é cristão, eu preciso te dizer que um cristão é alguém que vive a perdoar. Se você não é, eu te peço, em nome da vida e em nome de tudo o que se chama vida em comunidade: "Não levante a espada sobre a cabeça de quem te pede perdão" (William Shakespeare).

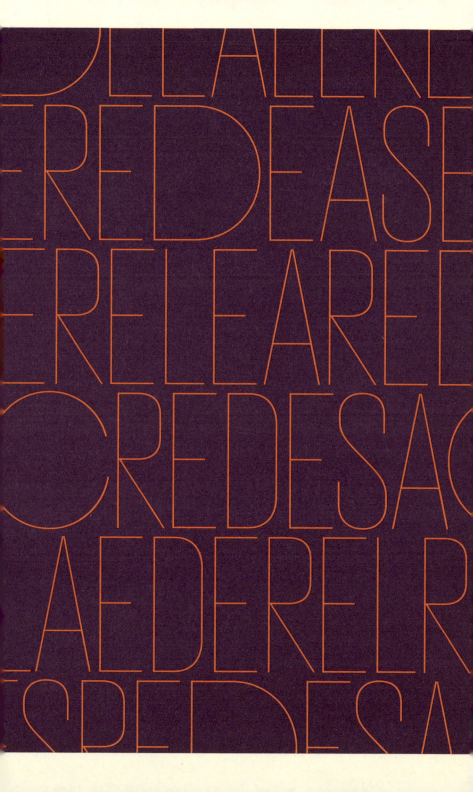

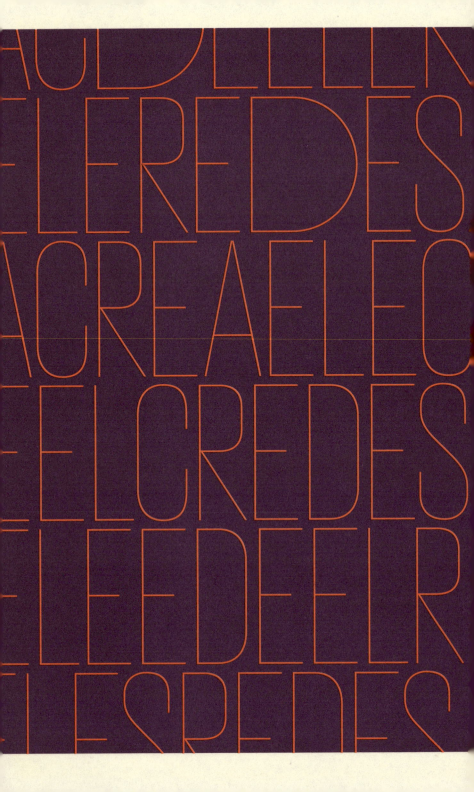

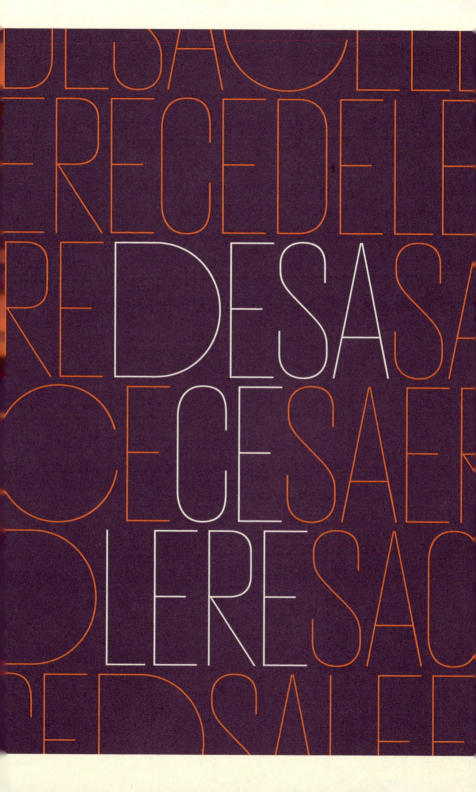

FELICIDADE É UM AGORA QUE NÃO TEM PRESSA NENHUMA.

ADRIANA FALCÃO

A Bíblia nos diz que nos últimos dias o amor se esfriaria. Observamos esse esfriamento ao notar que pessoas cada vez mais são carentes de relacionamentos, de afetividade, de partilha, e de viver uma vida plena em termos de significado – no que diz respeito a entender o porquê de se viver, o porquê de caminhar e seguir em frente. Nossa geração está cada vez mais fria, e isso acontece cada vez mais rápido, principalmente porque ideologias que levavam séculos para serem conhecidas hoje são descobertas em segundos por meio de poucos cliques. E, assim, nos tornamos a geração "fast food". Com Zygmunt Bauman, sociólogo polonês, é possível perceber que vivemos numa sociedade líquida – de valores líquidos, e relacionamentos líquidos. "Vivemos tempos líquidos. Nada é para durar."

A pressa atrapalha a vida. A pressa faz com que tudo dure menos, passe mais rápido, tenha menos importância e até menos valor. A máxima é relativa e ao mesmo tempo viva: "a pressa é inimiga da perfeição". Na pressa de fazer tudo, acabamos fazendo, de verdade, muito pouco. Na ansiedade de ter tudo pronto ontem, não vivemos o hoje, e pouco preparamos para amanhã. Estamos acelerados demais.

Pressa é ausência de calma. É a necessidade urgente de conseguir ou de fazer alguma coisa. Lembre-se de que pressa é diferente de velocidade. Fazer as coisas velozmente dá a ideia de precisão, mas fazer apressadamente indica desorganização. Por exemplo, quando você vai ao seu dentista, você deseja que ele realize o procedimento em você velozmente, o mais rápido possível; mas não apressadamente, porque afinal de contas é o seu sorriso e a sua boca que estão em jogo. É como quando a gente vai a um restaurante e pede algo do cardápio. É claro que a gente quer que o prato chegue rápido, mas a gente não quer que seja feito de qualquer jeito, com pressa, só para ficar pronto mais rápido – porque na pressa algum ingrediente fundamental pode ficar para trás.

Perceba que quando a gente vai a algum lugar e a gente sabe o caminho, chegamos velozmente, pois afinal de contas, sabemos o caminho – sabemos para onde estamos indo. Agora se sairmos atrasados para esse mesmo lugar, corremos o risco de não chegar – aumentamos as possibilidades de sermos impedidos pela multa, pela batida, porque até o caminho que a gente já sabe torna-se confuso pela pressa que dominou a mente. Por isso a pressa é um mal que revela desorganização, já que geralmente quando estamos muito apressados é porque não fizemos, na hora certa, o que deveria ter sido feito. Na cidade em que eu vivo, por exemplo, sempre teve congestionamento no trânsito – o trânsito nunca foi muito bom. Mas agora parece que está pior ainda. E mais do que isso, a gente sobe escada rolante correndo. No elevador? Não basta apenas apertar o botão do painel, é preciso acioná–lo 737 vezes torcendo para que a porta se feche mais rápido. Se estamos na rua e alguém está num ritmo um pouco mais lento do que o nosso caminhando pela calçada, temos vontade de atropelar a pessoa. Quando ao reiniciar o computador você se depara com a mensagem de que "existem 68 atualizações necessárias", a vontade que temos é de atirar a máquina pela janela. E se vamos ferver um leite por 30 segundos no forno de micro-ondas, batemos o pé, ansiosos, pensando que o leite fervia mais rápido antigamente. As coisas parecem estar mais lentas, mas na verdade nós é que estamos muito apressados.

Estamos acelerados, e fomos tomados de um mal, uma grave doença, chamada pressa. Por causa dessa pressa não temos paciência para estudar, muito menos para esperar. Queremos tomar atalhos todos os dias, queremos encurtar distâncias, queremos acelerar o tempo, achando que chegaremos mais rápido, mas acabamos por tomar atalhos que nos levam ao regresso e, com isso, perdemos o progresso.

Essa ansiedade toda traz consequências graves. Você adoece aos poucos, não percebe, e quando se dá conta está com depressão, síndrome do pânico e, inclusive, a gente não desliga mais! Quando percebe, já não se alimenta direito, não faz atividade física (porque diz que não tem tempo), surta no trabalho, perde casamento, não assiste aos/os filhos crescerem, nem aos/os pais envelhecerem, por fim, não aproveita a vida sabiamente.

Perguntaram a Dalai Lama: "O que mais o surpreende na humanidade?" Perspicaz, ele respondeu: "Os homens; porque perdem a saúde para juntar dinheiro, depois perdem dinheiro para recuperar a saúde. E por pensarem ansiosamente no futuro, se esquecem do presente de tal forma que acabam por não viver nem o presente nem o futuro. E vivem como se nunca fossem morrer, e morrem como se nunca tivessem vivido".

Acelerados e frenéticos, estamos o tempo todo atentos demais. Augusto Cury, psicólogo e autor mais vendido da década de acordo com a Folha de São Paulo, teorizou esta ansiedade como a Síndrome do Pensamento Acelerado, e a chamou de SPA. Ele traz esta síndrome como algo epidêmico que atinge grande parte da população, em todas as partes do mundo. Ela é gerada principalmente pelo excesso de conteúdo produzido pela imprensa, pela mídia, pela ciência, pela educação e pelo trânsito de informações e preocupações nas relações sociais. Por exemplo, uma edição como a do jornal *The New York Times* contém mais informações do que uma pessoa comum poderia incorporar durante toda

NÓS NÃO PODEMOS VIVER SOFRENDO POR COISAS QUE AINDA NÃO ACONTECERAM. O PRÓPRIO JESUS DISSE QUE PARA CADA DIA BASTA SEU PRÓPRIO MAL.

a sua existência no século XVII nos Estados Unidos. Cerca de trilhões de informações são produzidas anualmente – de acordo com Cury, precisaríamos de aproximadamente mil anos para absorver o que se produz em um mês no mundo.

A psicóloga especializada em psicanálise, Rosa Eugênia, explica como a SPA se apresenta: "O excesso de estímulo gera uma hiperexcitação da leitura da memória, que produz uma hiperaceleração dos pensamentos, fechando assim o ciclo da SPA. Esta síndrome é gerada pela ansiedade e algumas doenças podem produzi-la, mas, atualmente, ela tem sido produzida como uma doença isolada, desencadeada pelo ritmo alucinante e estressante do mundo moderno. A característica básica dessa síndrome é que as pessoas não desligam suas mentes, não desaceleram seus pensamentos. O humor fica flutuante e irritadiço. Frequentemente sofrem por antecipação. Os problemas não aconteceram, mas elas já estão angustiadas por eles".

Nós não podemos viver sofrendo por coisas que ainda não aconteceram. O próprio Jesus disse que para cada dia basta seu próprio mal. Afinal, "a vida é muito curta para que nós a tornemos pequena" (Benjamin Disraeli). Não temos mais tempo para aquilo que é belo, só queremos aquilo que é rápido. Não temos mais paciência para a mesa, para comunhão, para amizades, para oração, para ouvir música, para ler poesia. Mas o melhor da vida realmente não pode ser feito com pressa.

É de forma desacelerada que você gosta de comer o seu prato predileto. É sem pressa que fazemos o abraço, o beijo, o sexo, a oração, o amor. Enquanto isso, Adriana Falcão coloriu as ideias de viver sem pressa dizendo que "felicidade é um agora sem pressa nenhuma".

Ando devagar
Porque já tive pressa
E levo esse sorriso
Porque já chorei demais

Hoje me sinto mais forte
Mais feliz, quem sabe
Só levo a certeza
De que muito pouco sei
Ou nada sei

Conhecer as manhas e as manhãs
O sabor das massas
E das maçãs

É preciso amor
Pra poder pulsar
É preciso paz pra poder sorrir
É preciso a chuva para florir

Penso que cumprir a vida
Seja simplesmente

Compreender a marcha
E ir tocando em frente

Como um velho boiadeiro
Levando a boiada
Eu vou tocando os dias
Pela longa estrada, eu vou
Estrada eu sou
ALMIR SATER

A despeito dos discursos acalorados dos palestrantes motivacionais, que dizem a você que corra, a receita que eu trago é: desacelere. Pise mais em chãos de barro, de pés descalços. Faça mais passeios na praia, de preferência quando ela estiver vazia. Ouça mais música e não se esqueça dos poemas dos livros. Tire tempo sempre que puder para ler a Bíblia – existem coisas belíssimas e incríveis ali que, quem sabe, você desconhece. Opte pelo descanso. Namore mais. Vá ao cinema.

Uma coisa é não ter nada para fazer, outra, bem diferente, é escolher não fazer nada, de vez em quando, só para o bem da alma. Por isso, tenha ócios criativos, mas tenha também apenas ócios.

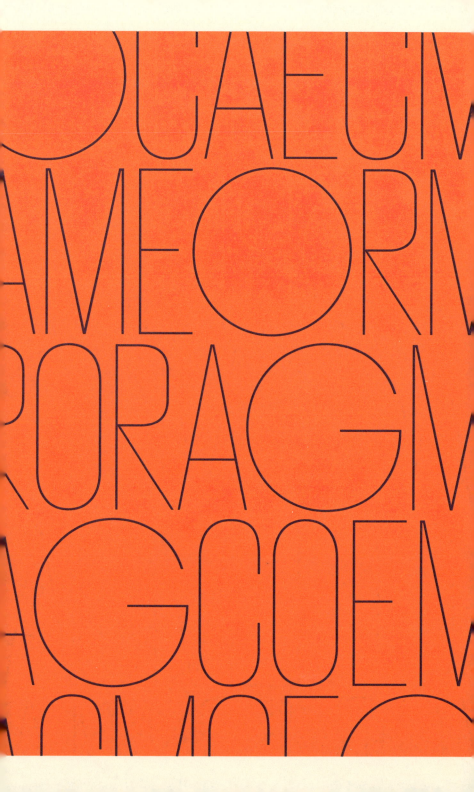

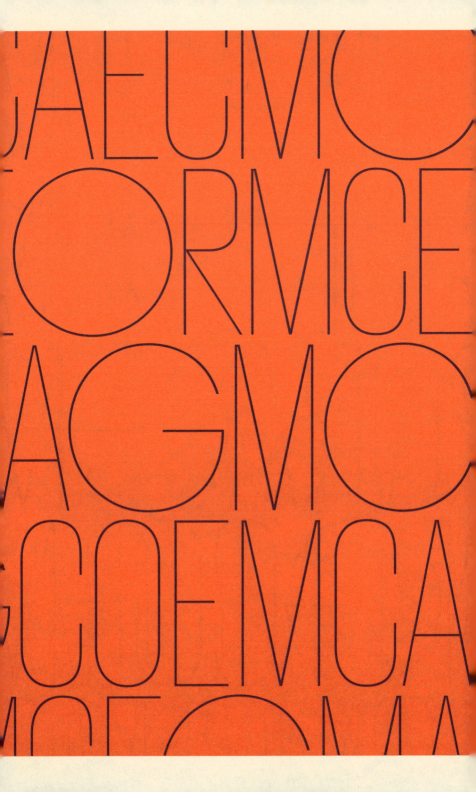

QUANDO A DOR DE
NÃO ESTAR VIVENDO
FOR MAIOR QUE O
MEDO DA MUDANÇA,
A PESSOA MUDA.

SIGMUND FREUD

Diz uma antiga fábula que um ratinho vivia angustiado com medo do gato. Um mágico teve pena dele e transformou o ratinho em gato também. Mas transformado em gato ele ficou com medo do cachorro, por isso o mágico o transformou em um cachorro. O ratinho que tinha virado cachorro começou a temer a pantera e o mágico logo o transformou em pantera. Mas o ratinho que agora era pantera se encheu de medo do caçador. A essas alturas, o mágico desistiu. Transformou-o em ratinho de novo e disse: "Nada que eu faça por você vai ajudá-lo, porque você sempre terá a coragem de um ratinho".

O ratinho vivia angustiado. Angústia é aquela sensação de sufocamento, peito apertado, insegurança, ansiedade – produz geralmente o medo. Eu fico imaginando quanta gente que agora me lê está paralisada pelo medo.

O oposto de coragem não é medo. É covardia. É com coragem que se enfrenta e se vence o medo.

Todos têm medo. Ter medo é bom. Um pouco de medo nos protege. É por medo de sermos atropelados, por exemplo, que olhamos para os dois lados da rua antes de atravessá-la. O problema do medo é quando ele passa desse estado básico, que serve para nos conscientizar dos riscos, que nos alerta, para um ponto em que ele nos paralisa. Diante da necessidade de falar em público algumas pessoas têm o famoso branco – mesmo preparadas paralisam-se frente à situação. Já outros, quando submetidos a um risco extremo, não conseguem correr, pular ou gritar – paralisadas, não têm reação.

O medo tem níveis. Existe o medo por antecipação que, segundo o doutor Augusto Cury, é o mal do século: a ansiedade. O medo do desconhecido, daquilo que ainda está por vir. Muita gente sofre antecipadamente e, com medo do futuro, pessoas deixam de ser apenas cautelosas ou prudentes e se tornam medrosas – na possibilidade de ir adiante, se tornam covardes.

Muitas vezes o medo de errar limita nossa capacidade e conseguimos menos do que realmente somos capazes.

Assim como existe o medo antecipado, há também o medo exagerado. É esse medo que a psicologia cataloga como fobia. Já viu alguém com algum tipo de fobia? Essa pessoa sente um medo exagerado e fora de controle perante alguma situação ou alguma coisa.

Tem gente que se desespera de medo de elevador. Não entra, prefere a escada. Já outros têm medo de barata. Principalmente das que voam. Alguns têm medo de altura. Medos imoderados impedem o convívio básico com outras pessoas, além de fazer quem o sente perder oportunidades e deixar de aproveitar momentos.

Muita gente está andando pelo chão da vida tomada de medo de viver, medo de tentar, medo de arriscar, medo de mudar, medo de começar algo. Gente que se já tentou e não deu certo alguma vez, não tenta de novo. Medo. É incapaz de projetar, de esperar coisas boas da vida e, por causa do medo, não segue em frente. Mas afinal, pior do que se arrepender por ter tentado e ter dado errado, é arrepender-se de por medo nunca ter tentado.

Para viver é preciso ter coragem. Para vencer é preciso não ter medo de perder. É preciso ser corajoso para tentar. Tem gente que diz: "Mas eu tenho medo! Não sou corajoso!" Contudo, é preciso saber que coragem não é a ausência de medo, mas sim a capacidade de avançar apesar do medo. Apesar do medo, persistir. Coragem é resistir ao medo – é dominar o medo.

Já disse Charles Chaplin que "a vida é maravilhosa se não se tem medo dela". Entretanto, pode ser pavorosa e terrível se a vivermos com medo.

Eu estou aqui para encorajar você. Para dizer que Deus está ali, na torcida por você. E, mais do que isso, Ele está disposto a ajudar você a enfrentar e vencer seus medos – não está só torcendo. Quero te encorajar a viver, a projetar, a sonhar, nem que seja tudo novamente. Para todos os que estão vivos, disse Salomão, há esperança (Eclesiastes 9.4). Ande por caminhos novos, pois como bradou Guimarães Rosa, "não há caminhos, faz-se caminhos andando". Por isso ande e construa sua história com coragem.

Enquanto vivem os corajosos, William Shakespeare ensinou que "os covardes morrem várias vezes antes da sua morte, mas o homem corajoso experimenta a morte apenas uma vez".

Viver é matar um leão por dia, e isso assusta muito; mas o pior não é matar um leão por dia – já se sabe que o pior é ter que desviar das antas que estão pelo caminho. Tem gente que tem medo, que fica pelas margens amedrontando você, e que também não segue adiante. Gente que está à margem, em vez de escolher o caminho.

Poeta dos nossos dias, em uma de suas canções Marcos Almeida desenhou a dor que o medo traz e a chamada que ainda se pode ouvir: temos todos a possibilidade de viver corajosamente. De viver de forma valente:

> Desaprendi a encarar a solitude da alma
> No abandono o pavor, a insustentável fraqueza
> Não sei ficar, ficar sozinho agora
> Eu tenho você, mas o meu medo estraga

O medo estraga, o medo e mais nada
O medo se vai quando
Ouço a voz do alto me dizer:
Sê valente, sê valente!

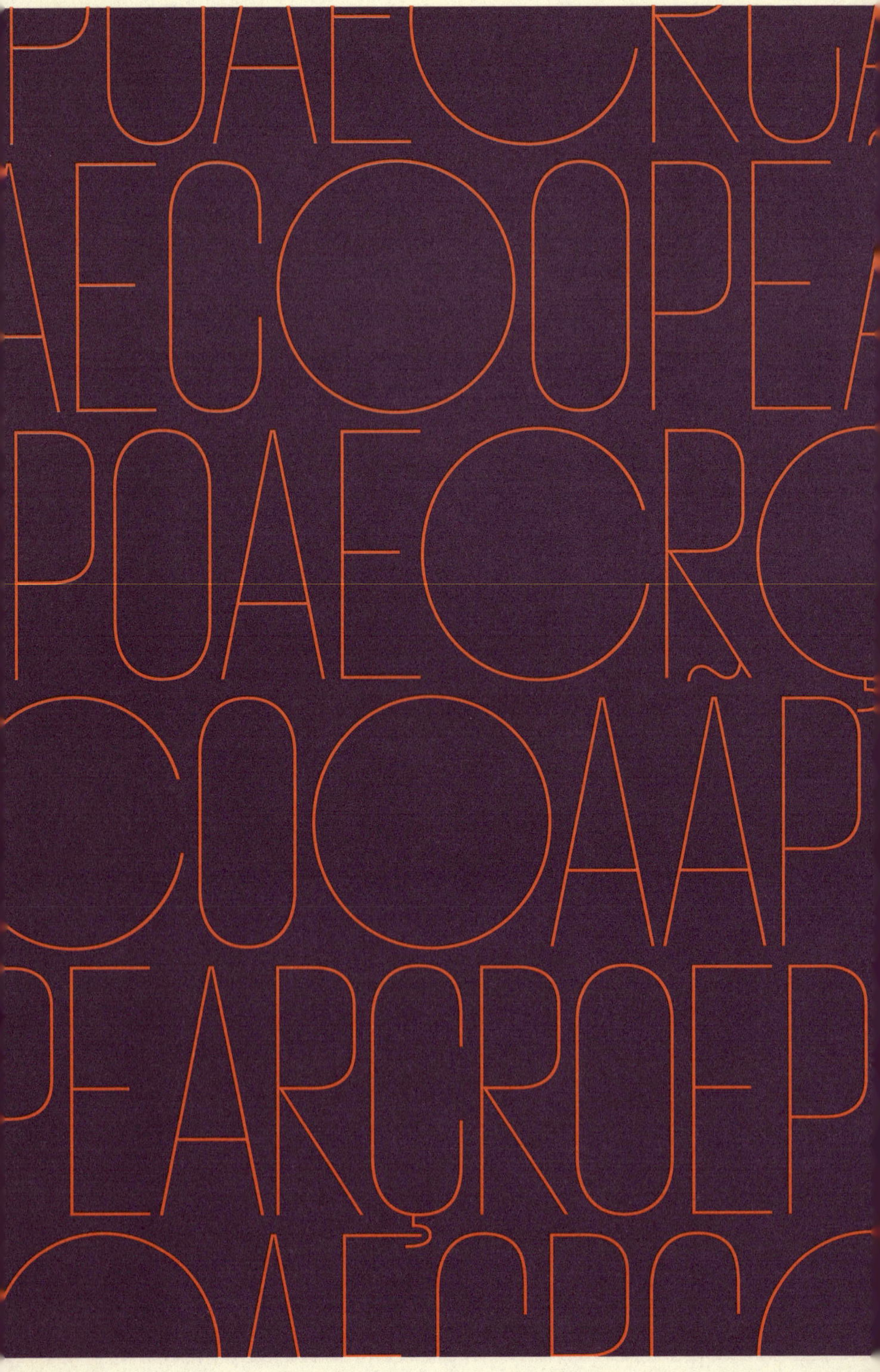

UM SONHO QUE SE SONHA SÓ, É SÓ UM SONHO QUE SE SONHA SÓ, MAS SONHO QUE SE SONHA JUNTO É A REALIDADE.

RAUL SEIXAS

Cooperação é o oposto de competição. No dicionário, competir é entrar em concorrência simultânea com outro(s); rivalizar(-se).

Afinal, dizem para a gente todos os dias que o mundo é assim mesmo, onde muitos querem a mesma coisa, e não há das mesmas coisas para todos. Ouvimos que não há lugar ao sol para todos e que cada um então arregace as mangas e busque seu espaço. Somos todos os dias incentivados a competir uns com os outros, e isso pouco tem a ver com a real essência de ser humano.

Então, esta história de que o homem nasce e morre competitivo não é absolutamente verdade. Na natureza, o homem é o único ser que é totalmente dependente. Ele nasce e não sobrevive se não for cuidado. É o único animal que, se não for levado ao alimento, morre porque não nasce sabendo buscar a própria comida. A verdade é que gente precisa de gente para ser gente.

Ninguém vê um bebê e diz: "Vou deixá-lo morrer, porque no futuro ele pode ser meu concorrente". Jamais alguém fará isso. Somos cooperativos, do nascimento à morte. No nascimento de uma criança a gente se junta e comemora junto; na morte de um conhecido ou amigo em comum, a gente chora junto. O nascimento e a morte nos unem, mas o decorrer da vida nos deixa completamente competitivos e, assim, sozinhos.

Há quem diga que a competição é extremamente prejudicial às relações. Há quem diga que ela é necessária, para dar qualidade a tudo o que há. E há quem sugira, com o exemplo do esporte, o equilíbrio entre ambas, a competição de qualidade, saudável, aquela competição que se mistura à cooperação, e que vive em equilíbrio. Alguns até gostam de chamá-la de "coopetição".

Parece paradoxal dizer que o esporte não é competitivo. Mas realmente não é. O esporte não é competitivo – ou, ao menos, não é só competitivo. Uma equipe de vôlei (assim como a de todos os esportes coletivos), antes de ser vitoriosa em uma competição precisa que todos os seus membros cooperem entre si. É óbvio que a cooperação fica restrita aos membros de um mesmo time, porém quando se trata do time adversário parece que a ordem é competir, destruir e aniquilar o oponente. Mas será mesmo? Você já imaginou um time muito bom, provável campeão, porém sem adversários? Os grandes atletas valorizam o seu adversário, porque é ele quem faz com que sejam melhores – é o adversário quem mostra suas deficiências, o que precisa ser melhorado, o que precisa ser aperfeiçoado.

VOCÊ PODE ATÉ TER GENTE QUE FAÇA COMPETIÇÃO COM VOCÊ, MAS VOCÊ NÃO PODE COMPETIR COM ELES.

A grande síntese do esporte é a autossuperação, e o outro (chamado de adversário) é o modelo que mostra, inclusive, que você pode ir além. Este sim é o conceito grandioso do esporte e fonte inspiradora da palavra "vencer". Nesse sentido o esporte é cooperação pura. Tanto que os atletas se cumprimentam no final como parceiros.

Cooperar é então atuar, juntamente com outros, para um mesmo fim.

Cooperar é operar junto, com um mesmo propósito. Por que será que a gente é tão sedento por competir? Porque todo mundo fala sobre a paz, mas ninguém educa para a paz. Todo mundo acha bonito cooperação, mas ninguém ensina para cooperar. Pessoas são educadas mesmo para a competição, e a competição (em muitos casos) é o começo de uma guerra.

Acredito que a competição sadia é necessária: não há capitalismo sem competição – o problema está em como a gente compete. Acredito que para alguém que realiza a obra de Deus a coisa é ainda mais séria. Você pode até ter gente que faça competição com você, mas você não pode competir com eles.

"De onde vêm as guerras e contendas que há entre vocês? Não vem das paixões que guerreiam dentro de vocês? Vocês cobiçam as coisas, mas não as tem, matam e invejam mas não conseguem obter o que desejam. Vocês vivem a lutar e a fazer guerras", diz Tiago no capítulo primeiro.

Os seres humanos são os cabeças da cadeia alimentar e os mais desenvolvidos seres sobre a terra, mas ainda precisam aprender com as formigas: elas trabalham juntas, ajudam umas às outras, carregam o peso juntas e, juntas, constroem fortalezas. As formigas são, literalmente, movidas por cooperação. A sabedoria popular já ensinou que sozinhos podemos até chegar mais rápido, mas que juntos sempre chegaremos mais longe. Salomão disse que é melhor serem dois do que um, e acredito que é melhor sermos muitos do que apenas alguns. É assim, cooperando, que as formigas constroem todos os dias algo muito maior do que elas. Afinal, uma formiga sozinha nunca construiria um formigueiro. É cooperando que temos a oportunidade de também construirmos, juntos, algo maior do que nós mesmos – todos os dias. Poetizou Luiz Gasparetto:

Dois a dois
Pode ser união ou guerra
Dois a dois
Pode ser disputa ou cooperação.
Dois a dois
Pode ser força ou fraqueza.
Dois a dois
Pode ser ódio ou perdão
Não importa como nos encontramos
O importante é a oportunidade de estar
Dois a dois.

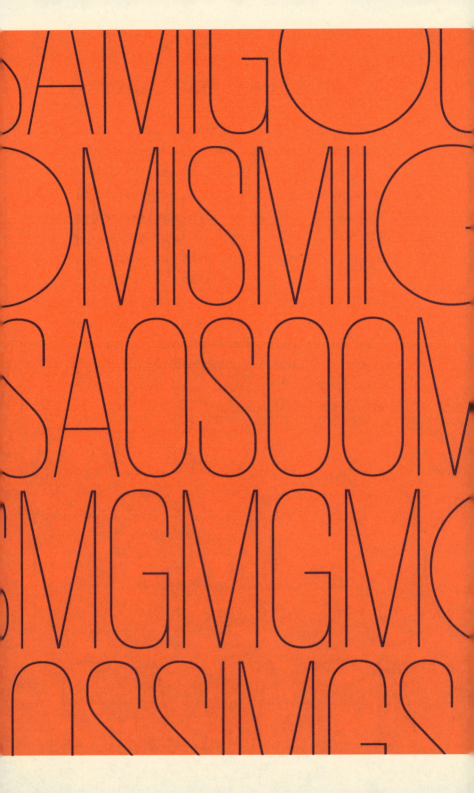

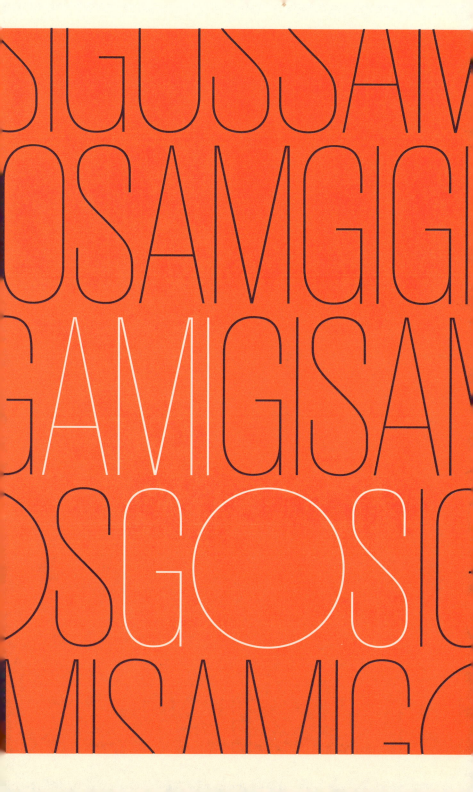

JÁ NÃO OS CHAMO
SERVOS, PORQUE
O SERVO NÃO SABE O
QUE O SEU SENHOR
FAZ. EM VEZ DISSO,
EU OS TENHO
CHAMADO AMIGOS.
JESUS CRISTO

Nós vivemos cercados de amigos por toda a vida. Existem amigos de perto e de longe, de antigamente e de agora. Temos amigos da infância, da adolescência, da juventude e da vida adulta. Amigos do trabalho, da faculdade, da rua. Ninguém vive sem amigos. cs Lewis disse que a amizade é o "prato principal no banquete da vida". E é com os amigos que viveremos e já estamos vivendo. Por isso é essencial manter vínculos e não deixar esfriar o prato principal que já conhecemos. Nossos amigos não são dispensáveis.

O Número de Dunbar é conhecido em todo o mundo por estipular a quantidade de amigos que temos, em média, durante a vida. De acordo com o professor e antropólogo inglês Robin Dunbar, temos a capacidade de manter uma rede de relacionamentos com até 150 amigos durante a vida. Nesta conta, o professor coloca também os parentes com os quais você mantém amizade, e explica (ao Brasil Post) quem entra na lista: "Você está no aeroporto de Hong Kong, em plena madrugada, e vê uma pessoa conhecida. Você se deslocaria para cumprimentá-la sem hesitar? Se a resposta for positiva, essa pessoa está entre seus 150 amigos".

Esta quantidade de pessoas com as quais nos relacionamos em nível de amizade se ramifica, de acordo com Dunbar, em algumas categorias: 50 são bons amigos; já os melhores amigos são 15; e amizade íntima você mantém só com cinco. A pesquisa explica que como você gasta cerca de 40% do seu tempo com os amigos íntimos e outros 60% com os melhores amigos, sobra muito pouco para toda a outra quantidade do grupo. O professor explica: "São os encontros de verdade, cara a cara, que sustentam e fazem uma amizade sobreviver. Se um novo amigo entra em nossa vida, significa que algum outro amigo, com quem não se tem mais tanto contato, perdeu seu lugar no grupo dos 150".

Dunbar tem precisão ao explicar que "as redes [...] mudaram a forma como nos relacionamos com os amigos que estão distantes – e, por isso, tornaram-se tão populares". A era digital está nos conectando a tudo e a todos, e está nos desumanizando. Temos cinco mil amigos numa rede social online, e nenhum para nos ajudar a ajuntar os cacos da nossa vida quando as coisas dão errado. Temos centenas de pessoas nos seguindo em outra rede, mas, às vezes, ninguém para nos ajudar e nos motivar quando estamos abatidos. Temos vários que curtem aquilo que postamos e compartilhamos, mas não temos ninguém que nos puxe a orelha quando precisamos, ou que, acima de tudo, nos abrace. E por que isso acontece? Porque estamos esquecendo que somos gente. Não somos digitais, não somos feitos de caracteres – somos humanos. Estamos nos esquecendo de cultivar vínculos verdadeiros com os que estão do lado, para falar com aqueles que nem aí para nós estão.

Saímos com nossos amigos para beber alguma coisa, mas ficamos no celular com os que estão do outro lado. Saímos para jantar com eles, e queremos mesmo é fotografar o prato ou a mesa, para impressionar aqueles que estão lá, longe. Nunca conhecemos tanta gente como nos dias de hoje, mas nunca fomos tão carentes de relacionamentos sinceros, com trocas verdadeiras de afeto e de amor. Somos a geração do entretenimento e nunca se viu tanta gente depressiva. Somos a geração digital, das redes de relacionamentos, e nunca fomos tão sós. Somos informados sobre tudo e todos, mas não conhecemos nada nem ninguém. Sabemos onde todo mundo está, mas não como estão. Estamos ficando idiotizados!

Repare nos seus contatos online, mesmo aqueles com quem você conversa todos os dias, se você os chamar para um café, eles não terão mais do que 30 minutos de conversa com você – vocês não terão afinidade. Por quê? Porque você não os conhece! Eles não são seus amigos! Agora me diga onde você gasta a maior parte do seu tempo? Ali, com os seus "amigos" virtuais, sendo que "muitos ali são apenas conhecidos – muitas vezes, quase desconhecidos. Compartilhar informações pessoais com quem não se tem intimidade, cria a falsa sensação de amizade".

Quando se é jovem se cria a ilusão de que se é independente (de tudo e de todos) e que só nos são necessárias a força e a vitalidade para viver. Quando envelhecemos aprendemos com mais sabedoria que nada somos sem os que são conosco. CS Lewis diz que "precisamos dos amigos em todos os tempos da vida, mas principalmente na velhice. Velhos amigos, tendem a ser bons e verdadeiros, e costumam fazer um bem enorme para a nossa vida". E é por isso que devemos levar muito a sério esse negócio de amizade.

Na Universidade de Chicago (EUA), uma pesquisa aponta que pessoas solitárias (em especial os adultos mais velhos) têm maior risco de hipertensão arterial. Segundo os pesquisadores, pode haver grande diferença entre adultos mais velhos solitários e outros não solitários. Não mantendo relações de amizade, as pessoas observadas já estavam na primeira fase da hipertensão. Numa abordagem no âmbito psicológico, você se tornou o que você se tornou com base nas suas amizades. Os amigos contribuem com o desenvolvimento da sua identidade, já que são eles que nos influenciam emocional, profissional, intelectual e espiritualmente.

Um estudo analisou os resultados da presença de melhores amigos na adolescência e constatou que essa experiência reduz as tendências à depressão e ao estresse no início da fase adulta. Com a observação ficou cientificamente provado que as amizades ajudam a reduzir problemas de saúde. É necessário entender o que a psicóloga Cristiane Lorga explicou ao Correio Braziliense: "Uma coisa é saber que você conta com a família, mas ter um amigo pode elevar seu grau de sinceridade, de lealdade e privacidade, elementos que os amigos compartilham entre si". Afinal de contas, não fomos feitos para viver sozinhos! Todos nós precisamos de amigos.

Aristóteles no século IV a.C. dizia em *Ética a Nicômaco* que "a amizade é uma alma e dois corpos". E a gente vê muito pouco disso hoje em dia. Ele dizia que "estamos rodeados de amigos para as horas boas, mas que verdadeiras amizades eram coisas muito mais profundas". Amigos cuidam uns dos outros.

Um amigo é mais do que um conhecido. Um amigo é mais do que um contato. Um amigo é mais do que um curtidor de fotos. Um amigo é mais do que um seguidor. Amigo é alguém que se alegra com sua alegria, e chora com a sua tristeza. Perceba que para chorar com nossa tristeza, chorar diante da nossa tragédia, basta não ser inimigo. Agora amigo de verdade não só chora com sua tristeza, mas se alegra com sua alegria. Ao ver você crescer ele não se chateia, ao ver que você está vencendo ele comemora como se a vitória fosse dele.

Amigos se cuidam. Concordo com Rubem Alves quando diz que "a amizade parece ter suas raízes fora do tempo, na eternidade. Um amigo é alguém que, ao que parece, estivemos desde sempre. É alguém que estando na companhia não temos necessidade de falar. Basta a alegria de estar juntos, um ao lado do outro".

Quer um teste para saber se alguém é amigo? Fique em silêncio. Se o silêncio causar incômodo e ansiedade entre vocês certamente essa pessoa não é um amigo. Ricardo Gondim disse certa vez que "você sabe que alguém é seu amigo quando você já deu todos os motivos para ele deixar de ser seu amigo e ele não deixou. Você sabe que tem um amigo quando ele já sabe coisas suficientes sobre você para deixar de ser seu amigo, mas mesmo sabendo dessas coisas, continua sendo seu amigo".

É nos amigos que aprendemos a diferença entre amar e gostar. Com Mário Quintana aprendemos que "há duas espécies de chatos: os chatos propriamente ditos, e os amigos, que são os nossos chatos prediletos". Já para Ed René Kivitz, amar é querer bem e gostar é querer perto. Na maior parte do tempo amamos – queremos que todos estejam bem; mas não são todos que a gente quer por perto. Os amigos são esses que a gente ama, quer bem, mas também são aqueles que a gente gosta e quer ter por perto.

Jesus chamou seus discípulos de amigos. Sabemos que Deus procura desde sempre homens como

Abraão, a quem ele possa chamar de amigo. O objetivo do amigo não deveria ser o de encontrar alguém em quem ele possa confiar, mas sim ser confiável. Você, assim como eu, já deve ter ouvido a expressão "eu não confio mais em ninguém!" Acredito que quem diz isso provavelmente não é confiável. Porque, como disse o poeta, "nós nunca vemos as coisas como elas são, nós vemos as coisas como nós somos". Se é verdade que todo ponto de vista é a vista de um ponto, a base de tudo aquilo que nós enxergamos é o que nós mesmos somos. É a partir de nós mesmos que estabelecemos as nossas relações.

Quem tem saudade não diz: "Vamos marcar alguma coisa qualquer hora dessas". Quem tem saudade aparece. Por isso invista tempo nos seus amigos e viva intensamente suas amizades – você precisará muito delas no decorrer da sua vida.

Rubem Alves desenhou:

Uma estória oriental conta de uma árvore solitária que se via no alto da montanha. Não tinha sido sempre assim. Em tempos passados a montanha estivera coberta de árvores maravilhosas, altas e esguias, que os lenhadores cortaram e venderam. Mas aquela árvore era torta, não podia ser transformada em tábuas. Inútil para os seus propósitos, os lenhadores a deixaram lá. Depois vieram os caçadores de essências em busca de madeiras perfumadas. Mas a árvore torta, por não ter cheiro algum, foi desprezada e lá ficou. Por ser inútil, sobreviveu. Hoje ela está sozinha na montanha. Os viajantes se assentam sob a sua sombra e descansam.

Um amigo é como aquela árvore. Vive de sua inutilidade. Pode até ser útil eventualmente, mas não é isso que o torna um amigo. Sua inútil e fiel presença silenciosa torna a nossa solidão uma experiência de comunhão. Diante do amigo sabemos que não estamos sós. E alegria maior não pode existir.

Para mim, a arte de viver consiste no conviver. Feliz é quem tem amigos para conviver. Meu desejo é que a vida te dê muitos amigos, e que Deus te dê sabedoria para mantê-los sempre por perto.

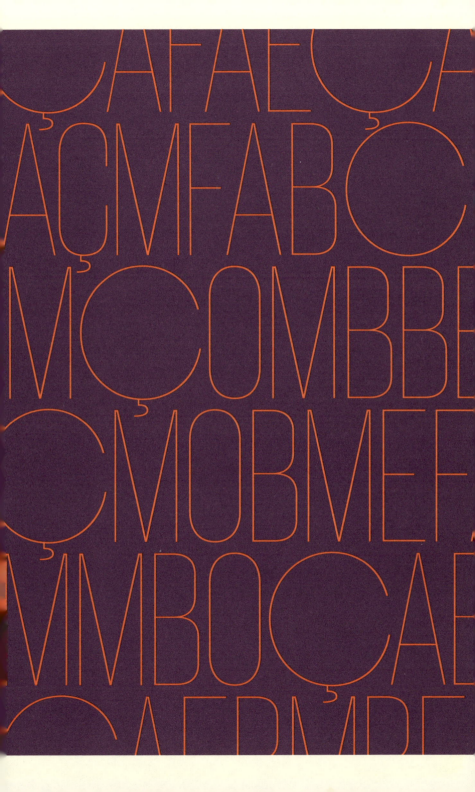

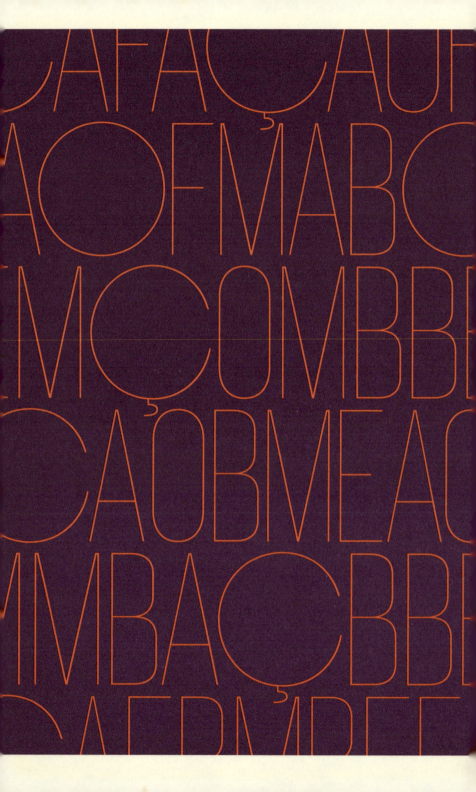

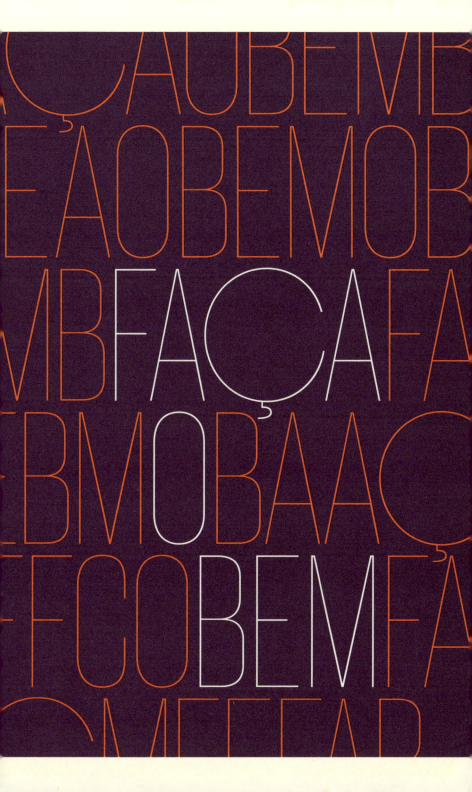

O SENHOR NÃO DARIA
BANHO A UM LEPROSO
NEM POR UM MILHÃO DE
DÓLARES?
EU TAMBÉM NÃO. SÓ POR
AMOR SE PODE DAR
BANHO A UM LEPROSO.
MADRE TERESA DE
CALCUTÁ

No livro *Conversando com meu pai* eu li a história verídica de um casal que dedicou a sua vida ao campo missionário, nas regiões mais inóspitas da Terra, onde estavam sujeitos a todos os tipos de sofrimentos e privações. Depois de 50 anos de serviço foram aposentados e voltaram para o seu país de origem. Na viagem de volta eles vinham imaginando como seriam recebidos e que honras eles receberiam na volta para casa, depois de uma vida servindo o evangelho.

"Que honras nos esperam quando chegarmos em casa?", pensavam eles. Quando o navio estava se aproximando do porto eles viram uma banda tocando, muita gente com bandeirolas, e uma festa preparada. E animados disseram um ao outro: "Olhe... uma festa preparada!" Como estavam viajando de terceira classe, demoraram a descer do navio e, quando enfim desceram, não havia mais ninguém ali. Somente havia bandeiras, e papeis jogados no chão. O atual presidente dos Estados Unidos havia retornado de uma viagem de volta ao país também, a bordo do mesmo navio – e a festa de recepção era para ele.

Eles foram então para sua velha casa, há muito tempo já não habitada, sem cheiro de vida, apenas com o cheiro do abandono, do vazio, do esquecimento. Na sala alguns porta-retratos empoeirados traziam lembranças de uma juventude há muito passada. Não havia ninguém para esperá-los, não havia festa, não havia recepção, não havia nada.

O homem, revoltado, saiu batendo a porta, e disse a sua mulher: "Eu vou andar! Pergunte aí para o seu Deus se é isso que Ele tem para nos dar quando a gente volta para casa depois de 50 anos de ministério".

O homem andou, andou, andou, e ao voltar encontrou a esposa, mexendo alguma coisa na pia da cozinha. E perguntou em tom de deboche: "E então, perguntou para o teu Deus se é isso que Ele tem para nos dar, quando a gente volta pra casa, depois de 50 anos a serviço das pessoas e da causa do evangelho?" E a mulher, sem virar-se, respondeu: "Sim, perguntei". O marido, inquieto, indagou: "É? E o que foi que ele disse?" Ao que a esposa respondeu: "Ele disse que ainda não chegamos em casa".

Se você decidiu amar pessoas eu preciso te informar que você decidiu se incomodar.

Amar dói. Amar é dedicar-se. Dedicar-se é desgastar-se. "Fazer o bem, sem olhar a quem", como diz o dito popular. Vão insistir com você, dizendo que isso não vale a pena. Vão brigar com você, questionando os porquês de tanta dedicação a pessoas, e afirmando que elas não merecem seu esforço! E vão insistir que isso tudo é em vão – mas lá dentro, bem no íntimo, você sabe que não é à toa. Você sabe que tudo o que faz tem o seu valor. A santa Madre Teresa de Calcutá foi perfeita ao afirmar: "Por vezes sentimos que aquilo que fazemos não é se não uma gota de água no mar, mas o mar seria menor se lhe faltasse uma gota".

Jonathan Edwards explica que podemos fazer o bem na vida das pessoas em três níveis: na calamidade (quando alguém está em uma situação de desespero ou dor e todos sentem a necessidade de apoiá-la, de oferecer socorro imediato). Já uma segunda etapa é quando fazemos o bem pela alma das pessoas, trazendo consolo, motivação a alguém emocionalmente abatido. Estas duas etapas, para Edwards, exprimem a base do fazer o bem imediato, diante de uma necessidade percebida. Mas há um terceiro nível que é alcançado quando começo a ajudar não mais porque alguém precisa ou porque vejo uma necessidade, mas porque agora eu entendi que fui feito para isso. É quando entendemos que devemos fazer o bem de todos os dias, afinal fui feito para fazer o bem. E tudo, na verdade, começa nos pequenos gestos.

É como dar a frente a um carro no trânsito, emprestar um passe de ônibus a um desconhecido que perdeu a passagem, dar carona no guarda-chuva, carregar as compras de uma senhora idosa, dar o lugar até quando não precisa, quando não é obrigado pela lei.

SE VOCÊ DECIDIU AMAR PESSOAS EU PRECISO TE INFORMAR QUE VOCÊ DECIDIU SE INCOMODAR.

Paulo de Tarso, apóstolo, disse em sua primeira carta aos coríntios: "Meus amados irmãos, sede sempre abundantes na obra do Senhor, sabendo que, no Senhor, o vosso trabalho não é vão" (1 Coríntios 15.58). Já Mário Quintana, poeta brasileiro, disse o seguinte:

Um dia... Pronto!... Me acabo. Pois seja o que tem
de ser. Morrer: que me importa?
O diabo é deixar de viver.

Se você deseja não só existir, mas deseja viver, eu insisto... dedique-se às gentes! Mesmo que digam que não vale a pena, que não há recompensa. Eu garanto: não há maior satisfação do que ter a certeza de que não vivemos em vão. Acredito ainda que não há melhor lugar para morar do que no coração das pessoas a quem fizemos bem – Deus sabia disso e desistiu de habitar em templos para habitar corações.

Independente da sua crença, da sua fé, da sua doutrina, somos comuns em algo: desejamos o bem, queremos a paz, e que o amor esteja presente e atuante em todas as esferas de todas as vidas. Garanto a você que mesmo sem recepção, a dedicação e o trabalho dos missionários não ficou sem recompensa.

Nenhuma esmola é vã.
Nenhum abraço é vão.
Nenhum ato de generosidade é inútil.

> Nenhum bem que fizermos ficará sem recompensa.
> A eternidade há de nos revelar isso.

Se você parou de fazer porque não te reconheceram, porque não te aplaudiram, porque não te recepcionaram e não te parabenizaram, eu sinto informar que você estava fazendo por motivos errados. O melhor tipo de amor é aquele que ama, se dedica, acredita, espera e suporta sem esperar nada em troca. Nada em troca.

O mesmo apóstolo Paulo ao discorrer sobre o amor, falando à igreja em Corinto, disse que alguns seriam capazes de doar aos pobres tudo que possuem, e mesmo assim fazer isso apenas para limparem a consciência e ficarem de bem com o próprio eu. Disse também que muitos poderiam dar o próprio corpo em martírio, e ainda assim fazerem isso por vaidade – para que seus nomes estivessem registrados na história. Por isso, quem faz o verdadeiro bem não busca o próprio interesse, faz o bem apenas porque é de bem que se vive bem. Ariovaldo Ramos diz que "a fé cristã é humanitária, acredita que investir no bem da humanidade vale a pena, porque a bondade de Deus está atuando na humanidade e pela humanidade. A fé cristã não se ilude com a humanidade, mas, ao mesmo tempo, não perde a esperança na humanidade. A fé cristã luta pela humanidade porque sabe que essa é a luta de Deus". E diz ainda:

Só por convicção se faz o bem
Dá frustração querer recompensa,
Pensa!
Fazer o bem, só pelo bem compensa.

Fazer o bem é coisa de gente grande. Generosidade é coisa de gente que entendeu que o mundo não é uma ilha e que nós não fomos feitos para viver sozinhos – precisamos uns dos outros. Se é verdade que nunca deu quem deu do seu sem dar de si (Kivitz), o outro, meu próximo, precisa de muito mais do que aquilo que é meu – precisa daquilo que é eu. É normal ouvirmos falar de boas obras, de boas ações, mas é raro vermos gente indo na direção de gente, para fazer aquilo que deve ser feito – o bem. Portanto, vá para vida e faça o bem. Todos os dias.

HAJA HOJE
PARA TANTO
ONTEM.

PAULO LEMINSKI

O professor Mário Sergio Cortella pergunta em uma de suas inquietações propositivas: "Se você não existisse, que falta faria?" E tem muita gente que, para se sentir bem, busca fama. Acha que aparecendo fará sua existência valer a pena. Gente que precisa aparentar ser "o cara". Isso acontece porque mídia e publicidade vivem a nos dizer que devemos aparecer, que precisamos de fama. Tem gente, porém, que é muito famosa mas absolutamente desnecessária e irrelevante. Na realidade, importa é que a gente seja importante – mesmo sendo anônimo. Quem é importante faz falta.

A pergunta de Cortella é bastante séria, e faz a gente pensar no que tem feito e em que tipo de legado tem deixado para quem ficará por aqui quando a gente for embora. Eu faço uma pergunta diferente: e se o seu hoje não existisse? O que é que você viveu ou vai viver no hoje, no agora, na chance que você tem neste momento? Seu hoje faria falta? Tomara que sim! Tomara que este dia, que é único, faça toda a diferença para você. Mas cuidado para que o dia não faça diferença apenas pela correria e pelos problemas a serem solucionados, onde uma corrida desenfreada pelo amanhã mascara o dia que está na sua frente agora. Que o hoje seja importante pela vida em si. Tomara também que você seja uma pessoa que dá valor a cada um dos seus momentos, porque tem muita gente valorizando de menos o hoje, o agora. Gente deixando a vida passar, gente que anda presa no antes e no depois.

Nessa de deixar as coisas para amanhã, estamos deixando para viver só no futuro. De repente, na sala de casa, o pai olha e vê que o filho menino já virou homem e agora não dá mais tempo de brincar. Um dia o marido, depois de tanto trabalhar, olha no espelho enquanto sua esposa se arruma e vê que os cabelos brancos já chegaram – e ele nem viu o tempo passar, porque dizia para si mesmo que depois de se formar, depois de ganhar bem... aí sim poderia aproveitar a família, a casa de praia, a vida. A mãe manda o filho arrumar a cama e ele estava tão ocupado que quando viu já era noite de novo, e aí deixa para amanhã mais uma vez, mas se esquece que pode ser que não tenha amanhã. Logo a menina chega em casa e o papai não está mais lá. É que hoje, quando o pai esperava por atenção, ela não tinha tempo para isso. Estava ocupada demais.

Deixando tudo para amanhã, a vida vai sendo abreviada. E o tempo passou. O hoje foi embora e, de repente, só resta saudade.

A ansiedade nos prende no futuro. Faz a gente viver preocupado com status nas redes sociais, nervosos para comprar os lançamentos e para trocar logo as coisas pelo que há de mais novo na moda, numa necessidade absurda de estar sempre à frente do tempo; estar sempre à frente dos outros; estar sempre à frente de tudo.

Já a nostalgia nos prende no passado. Nostalgia é uma junção de palavras gregas que significa algo como "dor de quem quer voltar". E viver de lamentos e falta de perspectiva é uma prisão. Não dá para ser feliz pensando "e se eu tivesse feito", "e se eu não tivesse me mudado". Até em Eclesiastes, na Bíblia, a gente aprende que não é sábio dizer que os dias que passaram eram melhores do que os dias que a gente vive hoje (Eclesiastes 7.10).

Como diz Ed René Kivitz, o mestre, não devemos apenas sobreviver, passar dia após dia sem expectativas; mas viver só para o sucesso também não traz realização. A vida precisa de mais que isso. A vida precisa de significado. E essa sede de sentido nos ajuda a tomar decisões no hoje, na vida que temos agora. Afinal de contas, um rumo qualquer só serve para quem não sabe aonde vai. Para quem encontrou sentido, já não é qualquer trilha que serve.

O caminho está livre. Os obstáculos? Eles estão de pé, querendo te derrubar. Mas você não corre sozinho. Se a caminhada te deixou cansado, Deus disse que ofereceria descanso. Descanso para quem corre, para quem busca e entende que a vida é agora! Afinal, o ontem já foi e o amanhã ainda não existe. O que fica é a chance de abraçar o agora, já, sem deixar pra depois.

É porque a vida é hoje que precisamos praticar a gratidão com quem está por perto. É necessário ter coragem para enfrentar as dificuldades que vêm e sempre virão. Mas vale lembrar: é necessária a cooperação porque sozinho ninguém conquista nada. Já que a felicidade não está no fim da trilha, mas no caminho em si, que seja um caminho em que você faça o bem. Por isso, desacelere um pouco, respire, e entenda que a vida faz mais sentido quando está cheia de amigos por perto. Mas esses amigos também falharão, e por isso você precisa buscar dia a dia maturidade para conseguir dar o perdão. E isso tudo? É todo o dia. É vivendo dessa forma que se faz amor. E amor também precisa ser sempre. Por isso? Ame. Todos os dias.

Talvez seja por tudo isso que o hoje se chama presente. Um presente pra você e eu olharmos, sem esperar pelo amanhã, pra quem precisa da gente, pra quem a gente ama e pra quem ama a gente. Eu te deixo o meu empurrãozinho de te convidar a viver o hoje... todos os dias.

POSFÁCIO

Ame todos os dias é um roteiro para a vida. Sim, para a vida simples, para a vida leve, para a vida carregada de significados, para transcender sem sair do chão da vida. *Ame todos os dias* trata dos temas essenciais da existência humana que não necessariamente precisam ser o tempo todo temas acadêmicos, isto é, que sejam obrigatórias salas de aula e ouvir e ler os eruditos.

Ame todos os dias é uma agenda pra todos que anseiam viver a vida celebrando-a o tempo todo.

Ame todos os dias é um discorrer sobre uma liturgia que pode ser desenvolvida no caminho, caminhando e observando tudo e todos o tempo todo, todo tempo.

Ame todos os dias é um jeito de seguir a vida fazendo tudo que se precisa fazer com devoção.

Pra viver a vida com devoção é necessário orar o tempo todo, mas não orar como um religioso ora. Não. Orar como quem tem o Eterno como companhia permanente com quem se dialoga sobre a vida o tempo todo, com quem é a própria vida.

Pra viver a vida com devoção é necessário amar e se deixar amar, perdoar e perdoar-se, trabalhando e encarando o trabalho como oportunidade para produzir, construir, patrocinar sonhos sonhados que precisam se realizar.

Para viver a vida com devoção é preciso aprender a descansar, sossegar, aquietar, contemplar, silenciar para perceber a vida e todos os seus sons, tons, sabores e perfumes.

Para viver a vida com devoção é preciso repartir, partilhar, compartilhar e se encantar com os milagres que advém desta atitude generosa para com a vida e o próximo.

Para viver a vida com devoção é preciso aprender a improvisar e a lidar com imprevistos, levando em conta este roteiro do *Ame todos os dias*.

Pra viver a vida com devoção é preciso buscar fazer o bem, fazer o bem bem-feito e fazer o bem até o fim a qualquer um ou a um qualquer, entendendo que todos os seres humanos, e cada ser humano, carregam a Imagem e Semelhança do Criador, e são dignos de todo bem que a vida pode lhes oferecer.

Ame todos os dias, do meu querido Thiago Rodrigo, é uma espécie de manual da simplicidade para os simples, para os livres, para os leves, para os que querem seguir a vida sem pesos, mas carregados e carregando significados eternos no chão da vida.

Que delícia de leitura é este *Ame todos os dias*. Obrigado, Thiago Rodrigo, que, tão jovem, aventura-se a viver uma vida com tal singeleza.

CARLOS BREGANTIM

Fonte TIEMPOS, GIORGIO
Papel PÓLEN BOLD 90 g/m²
Impressão RR DONNELLEY